「お金の不安」から、いますぐ抜け出す方法

大嶋信頼
Oshima Nobuyori

SOGO HOREI PUBLISHING CO., LTD

はじめに

「持っている人は与えられて、いよいよ豊かになるが、持っていない人は、持っているものまでも取り上げられるであろう」（マタイの福音書25章29節）

「持っている人はますます豊かになる」と語るマタイの法則は、現代の「格差社会」を見事に表現しているように思います。

私の父親は会社を経営していたのですが、会社の業績はあまり芳《かんば》しくなく、「いつもうちはお金に困っている」という経済状態でした。だから、豊かな友達の家がうらやましくて仕方がありませんでした。楽しそうで幸せそうで、どんどん豊かになっていくように見えます。

このように、「いいな！　お金持ちの家って！」と感じて育てば、「コツコツとお金を貯めてあの子の家のようにお金持ちになってやる！」となりそうなものです。でも、大人になってお金を稼ぐようになった私には、心の中では「お金持ちになりたい！」と思っていても、「あれ？　一生懸命に頑張ってもお金持ちになれないぞ！」という不思議な現象が起きます。

別に一攫千金《いっかくせんきん》を求めているわけじゃなくて、コツコツ貯めようと思っているのに、「なぜかお金が貯まらない！」となってしまいます。自分ではそんなに無駄遣いをしている感覚はなくて、「いつもケチケチして」生きているのにお金が貯まらないのです。

「ハングリー精神で頑張ればいつかは貯まるはず」と思っているのですが、通帳を見ては「ガーン！」と落ち込んでしまいます。「こんなに惨《みじ》めな思いをして生きているのに、どうしてお金が貯まらないんだろう？」と不思議に思っていました。

一度、ギャンブルの街ラスベガスで、友達に「一攫千金があるかもしれない！」と誘われてカジノに行ったことがあります。なかなか「当たり」が来ず、「あー！　こんなことをやっていても無駄！」と諦めて、おばあさんに席を譲った次の瞬間、「パンパカパーン！」とファンファーレが鳴りました。「おめでとうございます！　1億円が当たりました！」。なんと、先ほどのおばあさんが大当たりを引いたのです。「え？　あのまま続けていたら私が当たっていたの？」と愕然《がくぜん》としてしまいました。

それから何年も後に、「お金がちっとも貯まらないから宝くじでも買おうか！」と仕事帰りに宝くじ売り場に寄りました。そのとき、前にいた女性は連番（連続した数字が10枚入ったセット）を2セット買っていました。私も2セット買って20枚の連番にしようかと思ったのですが、「お金がない！」ということから「若いほうの番号だけでいいや！」と1セットだけ買って帰りました。

後日、当選番号をチェックしたら、なんと「あ！　買わなかったほうが一等賞と前後賞だった！」ということに。「あのときケチらなきゃよかったのに！」とますます惨めな気持ちになってしまいました。

仕事でもそうです。以前私は会社勤めをしていたのですが、「給料が少ないからこのままだとお金が貯まらない！」と、ある日会社を辞めてしまいます。そして数年後、以前の会社の同期が高級マンションに住んで赤いポルシェを乗り回していると聞いて、「あのとき辞めなきゃよかった！」と後悔します。

このことに限らず、私は本当にたくさんの仕事のチャンスを「お金がない！」という理由で逃し続けてきました。「なんであのときあの判断をしちゃったんだ！」と自分を責めて後悔を繰り返してきたのです。

「あんなにお金で苦労している両親を見て育ったのに、どうして私はお金を堅実に貯めるようにならなかったんだろう？」

そんなことを考えながらカウンセリングの仕事をしていると、私と同じように「なぜかお金が貯まらない！」という悩みを持つ方はたくさんいることがわかりました。そこで私の疑問は少しずつ解けていきました。クライアントさんたちの相談を聞いているうちに、「あ！　なんでお金が貯まらないのかわかったかも！」と、だんだんそのメカニズムが見えてきたのです。

どういうことかというと、まず、「お金がない！」と考えることで、〝脳の発作〟が起きてしまいます。そして、発作が起きてしまうと「破壊的な人格に変身！」となって、必要ないことにお金を使ってしまったり、目の前のチャンスを破壊してしまったり、あるいは大事な人間関係をぶち壊してしまったりします。だからお金が貯まらないのです。

興味深いのは、発作が起きているときの記憶は抜けてしまうということです。だから、お金を使ってしまっているのに「なぜかお金が貯まらない！」と思っていたんだ、ということも見えてきました。

カウンセリングを通して、「お金がない！」で起きる脳の発作がおさまると、クライアントさんたちは実際にお金持ちになっていきます。お金をつかむチャ

ンスを逃さなくなり、着実にお金が貯まっていくという循環になってい
ったのです。

そう聞いても、読者のみなさんは「え？　発作って何？　発作なんて起きてない！」と感じると思います。私も「自分は発作なんて起こしていない！」と思っていました。でも、脳の発作は無意識のうちに誰もが起こしていて、それが原因でお金を貯められない人はとても多いのです。

この本では「脳の発作ってどういうこと？」「どうやったら発作がおさまってお金が貯まるようになるの？」という疑問に答えながら、誰でもできる簡単なテクニックで、「なぜかお金が貯まらない！」から抜け出す方法を紹介していきたいと思います。

大嶋信頼

第1章

お金が貯まらない原因は〝脳の発作〟

contents

第2章

〝嫉妬〟で自分をコントロールできなくなる

第3章

〝発作の伝染〟でお金が貯まらない

第4章

〝嫉妬の発作〟に邪魔されない方法

第5章 〝脳の体質改善〟でお金を貯める！

ブックデザイン　藤塚尚子（e to kumi）
イラスト　タオカミカ
校正　黒田なおみ（桜クリエイト）
DTP　横内俊彦

第1章

お金が貯まらない原因は〝脳の発作〟

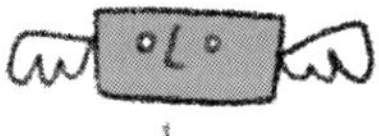

〝脳の発作〟で「破壊的な人格に変身！」

ストレスが帯電して発作が起きる

以前、会社勤めをしていた頃、私よりも仕事のできない同僚の給料が、私よりも高いということがわかりました。そのとき、私の頭の中で「ビビビッ！」と電気が走りました。顔が真っ青になって、「こんな会社辞めてやる！」と社長室に走っていきました。

普段は温厚な私が、社長の前で「なんで私の努力を認めてくれないんですか！」と怒鳴り、涙まで流してしまいます。「うわ！　なんでおれは泣いているんだ？」と自分ではまったく感情のコントロールができません。そして、「私のことを認めてくれないんだったら、もう辞めさせてください！」と言って社長室から出てしまったのです。

でも、しばらく歩いていたら怒りがおさまりました。「あれ？　なんであんなことを言っちゃったんだろう？」と血の気が引いて、急に吐き気が襲ってきます。「ここで辞めても次の仕事なんて簡単に見つからないのに、どうしてあんな馬鹿なことを言ってしまったんだろう」とものすごく後悔しました。

このとき、私には何が起こっていたのでしょうか。

私たちの脳には普段から〝ストレス〟が電気のように帯電していて、ちょっとしたきっかけで「ビビビッ！」と「サージ電流（瞬間的に定常状態を超えて発生する大電流のこと）」が発生します。この**大きな電流によって〝脳の発作〟が起きてしまいます**。

〝脳の発作〟が起きると、人は「破壊的な人格に変身！」となってしまいます。**人間関係や仕事、それに、お金の流れなども自ら破壊してしまいます**。

〝脳の発作〟というと少しわかりづらいかもしれませんが、「喘息《ぜんそく》の発作」というように、発作とは、ある症状が突然起こることです。つまり、自分ではコントロールできません。そして、発作がおさまったら変身が解けて、「なんであんなことをやっちゃったんだろう？」と後悔してしまうのです。

脳の発作で「破壊的な人格に変身！」

私の場合は「昔から家が貧乏」ということがありましたから、いつも「一生懸命に働いて節約もしてお金を貯めなければ」と考えていました。だから食事もなるべくお金をかけないように、お昼はパン、夜もパンにチーズというような生活でした。「みんなは楽しそうに外食をしているのに、自分はこんなに惨めだ」「思うようにお金が使えない」と、〝怒りのストレス〟が常に脳に帯電していたのです。

その電気が、「あいつは仕事もしないくせに自分より給料が高い！」というきっかけで、「ビビビッ！」と流れます。そうして発作が起きて「破壊的な人格に変身！」となって、自分の言動のコントロールができなくなってしまったのです。

「自分が正しい！」と信じて疑わなくなる

破壊的な人格に変身してしまった私は、普段では考えられないような言動で、「積み上げてきたものをどんどん破壊しちゃうぞ！」モードになります。せっかく築き上げてきた社長との信頼関係を「ドッカン」と破壊してしまい、そのことによって当然社内の評判も悪くなります。一生懸命に積み重ねてきた仕事の実績を見事に崩してしまったのです。そうして、大きく昇給するチャンスもぶち壊してしまいました。

でも、脳の発作で破壊的な人格に変身しているときは「社長が間違っている！」ということしか考えていません。**「自分が正しい！」と信じて疑うことができず、大切なものを幼稚な正義感でぶち壊している〝自覚〟がまったく持てなくなります。**

発作がおさまったら、「あ！　しまった！」と、ぶち壊してしまったことの自覚がちゃんと持てるようになります。周りで見ている人は「一時的な感情に流されて」と思うでしょうが、そうではなく、〝脳の発作〟を起こして破壊的な人格に変身してしまっただけなのです。

私は定期的に脳の発作を起こしていました。「お金がない」というストレスが脳に帯電しているので、上司からちょっと注意されただけなのに「ビビビッ！」と発作を起こします。そうして「むしゃくしゃしているからあのコンピューターを買っちゃおうかな？」と考えてしまいます。「そんなの買っちゃったら生活費がなくなるのに！」ということは頭の隅にあるのですが、「あのコンピューターがなければ仕事ができない！」と思い込んで買ってしまうのです。

領収書を見た途端《とたん》に発作がおさまって、「あ〜！　せっかくコツコツ貯めてきたお金を使っちゃった！」と、手がワナワナと震え出します。それでも「新しい性能のコンピューターが手に入ったんだから！」と自分を納得させようとするのですが、箱から取り出すと、液晶画面がドット抜けしているのを見つけてしまい、「何でこんなものを買っちゃったんだろう？」と後悔します。そして、後悔すればするほど脳にストレスが帯電してしまい、またすぐに脳の発作が起きて無駄遣いをしてしまうということを繰り返していたのです。

脳の発作に気付く方法

このように、脳の発作が起きているときは「自分が発作を起こしている」という自覚が持てないのですが、一つだけ、「あ！　発作を起こしているんだ！」と気付くことができる方法があります。

簡単に言えば、**「自分は正しい！」と自信を持っているときは、「あ！　この状態が発作なんだ！」と考える**ということです。自分は正しいと思い込んでしまうのは、発作で破壊的な人格に変身しているからです。それに気付けば、「危ない！　いらないものを買ってしまうところだった！」と無駄遣いを防ぐことができます。

「期間限定のバッグ」が店頭に置いてあって、「あれを買ったら仕事ができる人になれるかもしれない！　買うことが正しい！」と思ってしまったときは、「あれ？　これって発作を起こしているのかも？」と疑ってみます。すると、「これが欲しい！」という気持ちがスッとおさまります。

「この前の損を取り戻すためにこれが必要！」というのも、脳の発作が起きているときの典型的な思考パターンです。これも「自分は正しい！」と思い込んでいることになるわけです。

多くの人は「モノを購入するための理由は自分で考えている」と思っています。でも、**実際は脳が発作を起こして破壊的な人格に変身しているから、目の前にあるものを欲しいと思ってしまうだけ**です。そうしてほかの選択肢が見えなくなってしまって、いつの間にか破壊的な行動をしてしまうのです。

「いまこれを買わなきゃ！」というような焦《あせ》る気持ちが出てきたときは「あ！　私も発作を起こしているんだ！」と考える。これを続けていくと「記憶が知らないうちに抜けている」ということがなくなって、「お金が貯まってきた！」となっていくのです。

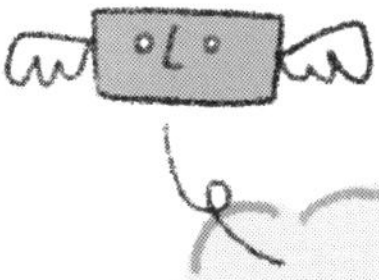

お金は〝脳の発作〟の誘発剤

夫にフォークを投げつける奥さん

「脳の発作で破壊的な人格になる」ということでいちばんわかりやすいのが、パートナーの〝浮気〟なのかもしれません。

私の昔の上司は奥さんに浮気がばれて、背広とワイシャツの袖をすべてハサミで切断されてしまいました。袖なしの背広で上司が出社してきたときは、みんなで大爆笑をしてしまったのですが、なぜか私だけが上司から本気で怒られてしまいました。

また別の上司も奥さんに浮気がばれて、フォークを投げつけられました。冬の寒い夜、背中にフォークが刺さったまま裸足で飛び出して、公園で一晩過ごすことになっ

「正しいことをしている！」と信じて疑わなくなる

てしまったそうです。

この奥さんたちは、普段から〝我慢〟を続けて、脳にストレスが帯電している状態だったのだと思います。そして「旦那の浮気」をきっかけに、「破壊的な人格に変身！」となって、普段では考えられないような行動をしてしまったのです。

脳の発作が起きているときは、ワイシャツの袖を切断していても、「私は正しいことをやっている！」と信じて疑いません。フォークを投げても、「これぐらいでは済まないから！」と恐ろしいことを考えてしまいます。「こんなことをすれば大変なことになるかもしれない」という自覚がまったく持てなくなって、どんどんエスカレートしていってしまうのです。

「お金がない！」で〝脳の発作〟が起きやすい

厄介なことに、この**〝浮気〟と同じぐらい〝お金〟のことでは脳の発作が起きやすい**のです。「あ！　お金がない！」と不安になった途端に「ビビビッ！」と脳内で電気が流れて破壊的な人格に変身します。そうして「新しい洋服を買おう！」となってしまいます。

周りの人から見れば、「え？　お金がないって言っていたのになんで？」と理解できません。でも、脳の発作を起こしている本人は、「セールで安く買ったから、自分は正しい！」と信じて疑わないのです。

ある方はキャッシュカードの返済が滞《とどこお》り、金利ばかり払い続けている状態になっていました。でも、「返済期限が近づいているのにお金がない！」をきっかけに「ビビビッ！」と発作を起こして、マッサージチェアを買ってしまったりします。

その話を聞いて、周りの人たちは「え？」と耳を疑います。「それだったら、金利を払い続けている学資ローンとか、クレジットカードの返済に充《あ》てたほうがいいだろう」と考えるわけです。

でも、脳内で〝お金〟をきっかけに発作を起こしているから、本人は「間違っていない！」と考えています。「私が健康で働き続けて借金を返さなければいけない。だからマッサージチェアを買った！」と考えてしまっているのです。そして、また返済日が近づいてきて「お金がない！」となると、「ビビビッ！」と脳の発作を起こして買ってしまう。そうして「なぜかお金が貯まらない！」となってしまうのです。

簡単なことができなくなる

ある奥さんは、「旦那がちゃんと確定申告をしてくれないから還付金が戻ってこなくて損をしている」というきっかけで脳の発作を起こして、「なんでちゃんと確定申告をやらないの！」と旦那さんを責めてしまっていました。

一方、奥さんから「お金を損している」という事実を突きつけられることで、旦那さんにも脳の発作が起きていました。

旦那さんの発作の症状は、「簡単なことができなくなってしまう」というものでした。そうすると、「領収書を税理士さんに持っていく」という単純な作業がいつまで経ってもできないという現象が起きます。

奥さんは「なんでそんな簡単なことができないの？」と旦那さんを責め続けてしまい、旦那さんも「わかっているのにやるべきことができない」という症状がどんどんひどくなっていきます。

そこで、奥さんに自分が〝お金〟で脳の発作を起こしてしまうことを自覚してもらうことと同時に、旦那さんも〝お金〟で脳の発作を起こしてしまっているのだということを理解してもらいました。そして奥さんが「確定申告して！」とか「お金を損している！」と言わないようにしたら、旦那さんの脳の発作はおさまりました。「10年間確定申告できなかったのに簡単にできるようになった！」と旦那さん自身もびっくりしていたそうです。

それを聞いて私も思わず笑ってしまいました。「本当に人って〝お金〟で発作を起こすんだな！」と確信した瞬間だったのです。

人は脳の発作によって、**暴言や普段口にはしないようなことを相手に言ってしまう**ことがあります。さらに**「簡単なことができなくなる」**ということも起きます。どちらにしても「ちっともお金が貯まらない！」という結果になって、ますます発作を起こして、「いつまで経ってもお金持ちになれない！」という悪循環が生まれてしまうのです。

〝脳の発作〟で周りのダメージを考えられなくなる

地球を救うヒーローが生み出す損失

子どもの頃、ヒーローもののテレビ番組が好きでよく見ていました。大きな怪獣が出てきて、街のビルを破壊してしまいます。ヒーローは怪獣と同じぐらいの大きさに変身して戦います。「怪獣をやっつけなきゃ！」と一生懸命なのですが、戦っているうちに何台もの車を踏み潰し、怪獣を投げ飛ばすたびにビルを倒壊させてしまいます。

私はそれを見ながら「あーあ！　またこのヒーローはビルを壊しちゃった！　一体いくらの損になるんだろう？」と考えてしまい、せっかくのヒーローの活躍を見続けることができなくなってしまっていました。

「お金を損しちゃう！」と思った瞬間に、脳は「ビビビッ！」と発作を起こしてしまいます。例えば「家族のためにテレビを安いうちに買っておかなきゃ！」という考えが浮かんでくると、いてもたってもいられなくなってしまいます。頭の中は「いま買わなきゃ損をする！」という考えでいっぱいで、「買ってしまった後の経済的ダメージ」を考えられなくなります。

脳の発作を起こしているときは、「自分は正しいことをやっている！」という絶対的な自信に満ちていますが、**周囲の人から見れば「何であんなことするの？」という状態**です。それはちょうど、目の前の怪獣を必死になって倒そうとしているヒーローと同じような状態です。周りのダメージを考えられず、必死で戦った後に街がボロボロになってしまうように、正しいことをやったつもりなのに、通帳の中身がボロボロになってしまうわけです。

もちろん、ヒーローがいなければ世界は滅びてしまいますし、ヒーローの戦いを見て経済的ダメージを考えるほうが変わっているかもしれませんが、**「正しいことをやっている！」という考えから抜け出せない**のが、脳の発作の恐ろしいところなのです。

例えば〝お金〟がきっかけで夫婦喧嘩になっても、「ひどい言葉で相手を傷つけている！」という自覚が持てなくなります。両親の喧嘩を見ている子どもが怯《おび》えていても、「いま夫に言ってやることが我が家のため！」と、育児に対する影響なんて考えられなくなります。

普段だったら、怒鳴っても相手のお金の使い方が変わったり、お金が増えたりすることはないということはわかっているのに、脳の発作を起こしてしまうと止められません。さらに、ひどいことをしている自覚が持てないから、発作を起こし続けて「ちっともお金が貯まらない！」となってしまうのです。

周りの人の気持ちを踏み潰してしまう

脳の発作で破壊的な人格に変身した本人は、「あなたに良かれと思って！」とか「家族のために！」というヒーロー的な正義感に溢れています。そうして「私は正しい！」ということを盾に、暴言を吐いて相手を傷つけてしまいます。

だから、お金で脳の発作を起こす人は、**自分が正しいことをやっているつもりでも、いつの間にか人間関係を破壊してしまっています**。そして、「いつまで経ってもお金がない！」という状況から抜け出すことができなくなってしまうのです。

人間関係で「お金の貸し借りはしないほうがいい」と言われるのは、お金で発作を起こして破壊的な人格に変身してしまうからです。借りたほうも、貸したほうも、「自分は正しい！」と巨大化してしまいます。そうして相手の気持ちを踏みにじるようなことをして、人間関係を破壊してしまいます。それでも発作を起こしたままなので、「あいつはひどいやつだ！」と相手を怪獣扱いするようになってしまうのです。

こうしたことでよくあるケースが、「親からの遺産相続問題」です。お金をきっかけに兄弟が発作を起こしてしまい、お互いに「自分は正しい！」と兄弟関係を破壊して、「あいつはモンスターだ！」となってしまいます。そうして「あいつのせいでお金が貯まらない！」「損をした！」と、ますます発作を起こして経済的に大変なことになってしまうのです。

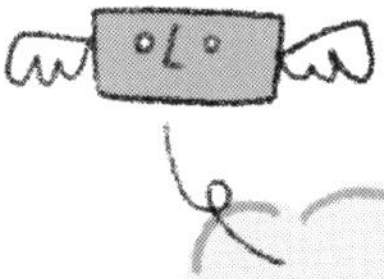

発作が起きているときの言動は記憶に残らない

「無駄遣いをした」ということすら覚えていない

脳の発作は破壊的なことをしている〝自覚〟がないというだけではなく、そのときの**〝記憶〟がないという不思議な現象も起こします**。

よく「記憶が飛ぶ」と言いますが、「お金がない！」とか「損をした！」というきっかけで脳の発作が起きると、過剰な電流が「ビビビッ！」と脳の中の記憶を整理する部位（海馬など）を刺激し、記憶がちゃんと整理されなくなるという現象が起きます。

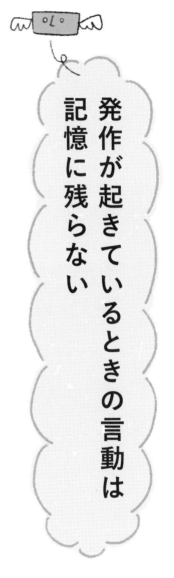

そうして「あれ？　何にお金を使ったのかな？」と忘れてしまうのです。

わかりやすいケースだと、「時間に間に合わない！　早く出なきゃ！」とパニックになっているときに限って「携帯電話を忘れた！」とか「定期券を忘れた！」といったことが起きます。これは脳内で発作に近い状態が起きていて、記憶を整理する部位が過剰な電気刺激で乱れてしまうからだと考えられます。

お金の場合は、記憶が抜けてしまっているから、**「無駄遣いをしちゃった！」という感覚が持てない**のです。もし「無駄遣い」と気付けたとしても、「無駄遣いしてしまった」ということをきっかけにまた発作を起こして記憶が抜けてしまうので、「あれ？なんでお金が自分にはないんだ？」となって、無駄遣いをしたことをちっとも反省できなくなってしまうのです。

「都合が悪いことは忘れる」のメカニズム

人には「自分にとって都合が悪いことは忘れちゃう」という特徴があります。相手からひどいことを言われた次の日、「なんであんなことを言ったの！」と追及しても、相手は平気な顔をして「え？　私、そんなこと言ったっけ？」ととぼけている。そうして「ムカつく！」と怒りがおさまらなくなってしまうことがあります。

「あいつは覚えていないなんて嘘をついている！」と思ってしまうのですが、本人は本当に覚えていません。それは脳の発作のせいだからです。相手をたくさん傷つけているのに、そのことも忘れてしまいます。お互いに言い合っても、時間が経って脳の発作がおさまってみると、相手からひどいことを言われたことは覚えているのですが、破壊的な人格に変身した自分の言動はすべて記憶から抜けてしまいます。これが「都合が悪いことは忘れる」という現象のメカニズムです。

お金が貯まらない人は、「お金がない！」とか「損しちゃう！」で脳の発作を起こしやすい人なので、「セールしているうちに買っておかなきゃ損をする！」と買ってしまいます。しばらくして財布を見ると、「あれ？　なんでこんなにお金がないんだっけ？」と**お金が減っているのに、お金を使った記憶がない**のです。

レシートをチェックして初めて、「あ！　あのとき買っちゃったんだ！」と思い出します。「お金が貯まらないからセーブしなくちゃ」と思っていたのに、すっかりその計画がぶち壊しになってしまうのです。それでも「まあ、来月から貯めればいいか！」と考えるのですが、ちょっとしたストレスから、また脳の発作を起こして同じことを繰り返してしまいます。そうして**脳の発作が起きやすい状態をキープし続ける**ことに

お金を使った“記憶”が抜ける

なってしまうのです。

「なぜかお金が貯まらない！」という人のほとんどが「自分の記憶が抜けている」という自覚がありません。むしろ「自分は記憶力が良い！」と思っています。なぜならすっぽり記憶が抜けて、「抜けている」ということすらわからないからです。「なぜかお金が貯まらない！」と思っているということは、その時点で発作を起こして自分の知らないところで記憶が抜けてしまっている可能性があるのです。

〝炎症〟のせいで無駄遣いが止まらない！

買い物をしてもまったく満足できない

昔、「お腹が痛い！」と病院に行ったら「胃潰瘍です」と診断されたことがありました。当時は「お金がない！」ということで仕事を一生懸命にしていて、医者からは「真面目に働き過ぎ！」と怒られました。

そのときは「そんなこと言われたってお金がないんだから、馬車馬のように働き続けなきゃいけないでしょ！」と思っていました。でも、実はそのとき、私は面白いことをしていたのです。

私は「お金がない！」と言いながら、週末は電気屋さんに行ってパソコンの高級なパーツを買ってしまっていました。でも、使いこなすことができなくて、家には使えないパーツの箱が山積みになっていました。それでも、「お金がない！」と言っていたのです。

買った記憶が抜けてしまっているから余計に怖いのです。ぼんやりとは覚えているのですが、「このパーツはいつか仕事で役に立つから！」と買ってしまって、家に帰ってくると「あれ？　前にも同じようなパーツを買っている！」とショックを受けます。そして、また次の週も同じようなことをやってしまって、「ちっともお金が貯まらない！」となっていたのです。

一般的に見たら、「仕事のストレスを買い物で発散している」ということになります。でも、興味深いのは、**買い物をしてもまったく満足していなくて、「しまった！」と後悔ばかりしていた**ことです。そして「お金がない！」と嘆《なげ》いているのに、電気屋さんに行くことを止められなくなっていました。そうして「自分はなんてダメなヤツなんだろう！」と自分を責めて、ますます「胃が痛い！」と胃潰瘍がひどくなっていたのです。

〝炎症〟によって苛立《いら》ちのホルモンが分泌される

私の謎の行動について、最近になって、「なるほど！　そんな風になっていたんだ！」とその仕組みがわかりました。

少し前に医学会で衝撃的な仮説が発表されました。私たちは欲求が満たされたり充実感を感じたりすると、「あ〜！　うれしい〜！」と〝幸せのホルモン（セロトニン）〟が分泌されます。でも、**身体に炎症があると、幸せのホルモンの原料が幸せのホルモンに変換されない**で、〝興奮、苛立ち、焦り、うつを感じさせるホルモン（キヌレニン）〟に変換されてしまうというのです。

私たちが一日の終わりに「あ〜！　今日もよく働いた！」と満足できるのは、幸せのホルモンが分泌されるからです。でも私は胃潰瘍の炎症によって、本来幸せのホルモンに変換されるはずのものが苛立ちのホルモンに変換されてしまい、働いても働いても、「お金がない！」という焦りしか感じられなくなっていたのです。

本来、欲しいものを買うことでも幸せのホルモンでストレスが発散されるのですが、炎症が起きているから発散されません。だから脳の発作がおさまらず、無駄遣いを繰り返してしまいます。さらにそれが記憶から抜けてしまうので、「こんなに一生懸命に働いているのにちっともお金が貯まらない！」というストレス状態から、また買い物で発散しようとするという悪循環になってしまっていたのです。

それに、焦りや苛立ちのホルモンに支配されているから、**本当に自分が欲しいものを買っているとは限りません。**お店に陳列《ちんれつ》してあるものを見て「あれが欲しい！　私には絶対必要！」と脳の発作を起こして買ってしまうので、「本当に求めているもの」を買っているわけではないのです。そうしてますます「無駄なものを買ってしまった！」という後悔に苛《さいな》まれてしまいます。

炎症を抑えれば発作の悪循環を防げる

私は胃潰瘍の一件で、「脳の発作がおさまらない人は、知らないうちに身体の中で炎症が起きているのかもしれない！」ということに気付きました。

私のようなストレスによる胃潰瘍は、「悩んでいたら炎症が起きる！」という典型的なケースです。でも、考えてみたら「頭痛がする」とか「肩こりがする」「腰が痛い」

「生理痛がひどい」、そして「疲れやすい」などの身体症状も同じように〝炎症〟が関係していて、幸せのホルモンが分泌されないという現象が起こっています。そうして苛立ちのホルモンがますます炎症をひどくして症状を悪化させ、その炎症がさらに幸せのホルモンを分泌させないようにしてしまっているという可能性が考えられます。

だから、「お金がない！」と焦りがあるときには、「身体に炎症があって幸せのホルモンが分泌されていないのかも！」と考えることができます。安静にしていれば炎症はおさまってきて、幸せのホルモンが分泌されるようになります。「うれしい！」とか「よくやった！」という満足感が出てくることで、炎症がおさまったことを実感できます。

そうしたことを知っているだけでも効果的です。発作の悪循環を防ぐこともできますし、「お金が貯まってきた！」という不思議な現象も起きてきたりします。**苛立ちや焦る気持ちがあったら「炎症があるから安静にしたほうがいいんだ！」と考える**ようにしましょう。

第2章

〝嫉妬〟で自分をコントロールできなくなる

自覚がなくても人は誰かに〝嫉妬〟している

能面のような顔に変身した女優

先日、テレビを見ていると「あ！　あの子役がずいぶん成長したな～」という女優さんが出ていました。アナウンサーと一緒に街を歩き、食べ物屋さんに入って食レポをします。「良い笑顔で良いコメントをするな～」と感心します。「この子はやっぱり頭が良いんだろうな～。ちゃんと好感度を上げることを知っているもんな」とうらやましく思います。その女優さんと同じ年齢の頃の自分と比べて、「この子ってすごいな！」と感心していたのです。

私はこの女優さんの好感度作戦にまんまと引っかかって、「ファンになってしまう！」

という感じでした。彼女は番組中に的確に好感度を稼いでいたのです。ところが、男性アナウンサーが彼女と同じ年頃のほかの女優さんを呼んで笑顔を向けた瞬間に、彼女の**素敵な笑顔は消えて能面のような顔になってしまいました**。

これが〝嫉妬《しっと》の発作〟です。第1章で脳の発作の恐ろしさをお話ししましたが、**〝嫉妬〟は特に脳の発作を起こしやすく、より強く破壊的な人格に変身してしまいます**。もちろん、「なぜかお金が貯まらない！」という状態も、より強く作り上げてしまいます。

この女優さんの場合、「自分が稼いでいた好感度をほかの子に奪われる！」という瞬間に〝嫉妬の発作〟が起きました。破壊的な人格に変身して、ふてくされた態度になってしまいます。子役の頃から長年女優さんをやってきていて、演じることは慣れているはずなのに、〝発作〟だから自分で一切コントロールできません。

さっきまで私は「この女優さんは性格が良さそうだ」と思っていたのですが、発作を起こしている姿を見て、「え〜？　もしかして性格が悪いのかも！」と一気に好感度が下がってしまいました。表情がはっきり変わったので、同じように感じた視聴者は多かったはずです。この女優さんは、それまでせっかく稼いだものを吹き飛ばしてしまって、結果的に損してしまったのです。

嫉妬の発作が起きると「能面のような表情」に

〝嫉妬の発作〟が起きる条件は

人が誰かに嫉妬するには、条件があります。

幼い頃に、友達が「俺はおこづかい1000円もらっているんだぜ！」と自慢していて、100円しかもらっていない私はうらやましく思っていました。でも「いいな〜！　うらやましいな〜！」とは思うものの、相手を憎く感じたりはしませんでした。そこでは嫉妬の発作は起きなかったわけです。

一方で、正月に祖母からお年玉をもらったときのことです。私は「おばあちゃん！　ありがとう！」と飛び跳ねて喜んでいました。ところが7歳離れた弟も同じ金額をもらっているのを見た途端に、私の笑顔は消えてしまいました。気分が「ズーン！」と沈み、「弟がムカつく！」となってしまいます。さっきまで大切に使おうと思っていたお年玉も、「もうどうでもいいや！」と捨ててしまいたい気分になってしまったのです。ここでは、私の中で嫉妬の発作が起きていたことが明確にわかります。

この二つのケースの違いを比べてみると、嫉妬の発作が起きる条件がわかります。それは、**「自分より立場の低い人間が、自分より優れたものを持っている」**ということです。

私は友達のことを自分より〝下〟とは見ていませんでした。そもそも「家は貧乏」という意識があったので、むしろ相手のほうが〝上〟と考えていたわけです。しかし弟は、明らかに自分より〝下〟の存在です。それなのに自分と同じ金額をもらっている。7歳も違うのに金額が同じということは、それだけ祖母から大切にされていると考えて、「ビビビッ！」と嫉妬の発作を起こしてしまったわけです。

自分が得るはずのものを奪われることで生まれる感情

ここで〝嫉妬〟という概念について少し詳しくお話ししておきます。

「嫉妬」という言葉は、日常会話の中でたくさん出てきます。例えば「あの人、若くてきれいで嫉妬しちゃう！」というような使い方をされたりします。自分は持っていない「美しさ」や「才能」「体力」「若さ」などを「うらやましい！」と感じるときに、「嫉妬しちゃう！」という言葉が出てくるのです。

でも、これを専門的に言うと〝嫉妬（Jealousy）〟というよりも〝羨望《せんぼう》（envy）〟になります。〝羨望〟は、「若いっていいな〜！」と思うようなうらやましいものを相手が持っていて、「あの人が若さを失って醜くなればいいのに！」と、相手がそれを失うように願ってしまうことです。

一方で〝嫉妬〟は「夫の愛情があの若い子に取られるかも！」という不安や恐れから、「あの子、最悪！」と妬《ねた》み、憎む感情です。**本来、自分が得るはずの「愛情」とか「注目」や「哀れみ」、さらには「優しさ」などが第三者によって奪われてしまう。そこで感じる「不安」「怒り」「無力感」などが入り混じった感情が〝嫉妬〟**だと言えます。

〝嫉妬〟は、「あの子がうらやましい！」というわかりやすい形で表面化しない場合もあります。まさか自分では嫉妬しているとは思っていなくても、無意識のうちに〝嫉妬〟という感情が生まれていることがあるのです。

こんなに怖い！〝嫉妬の発作〟

後輩への嫉妬で会社を辞める

ある男性は、職場で上司から可愛がられていて、出世コースを順調に歩んでいました。ところが後輩が上司から褒められるのを見た瞬間に、「ビビビッ！」と嫉妬の発作を起こして破壊的な人格に変身してしまいます。そうして「こんなくだらない仕事やってられない！」と手を抜くようになってしまいました。

すると、上司はますます自分よりも後輩を可愛がっているように見えて、発作がどんどんひどくなります。「あんたのやり方は間違っている！」と上司と喧嘩をしてしまい、せっかく出世の道を歩んで給料も順調に上がっていたのに、「もうこんな所で働いていられない！」と退職してしまいました。

それを見ていた周りの人は、「なんで辞めちゃうの？」とびっくりします。でも嫉妬によって破壊的な人格に変身している本人は、「あんなひどい上司の下で働いていられない！　自分は間違っていない！」と自分の言動を反省することもできなくなってしまっていたのです。

その男性は、仕事ができて頭の働きも平均以上のはずでした。**ところが嫉妬の発作を起こした途端にどんどん仕事ができなくなり、後先のことも考えられなくなって人間関係や将来まで破壊してしまいました。**嫉妬の発作はそれほどまでに強烈なのです。

ありもしない浮気を疑って旦那を追い詰める

ある女性は、旦那さんの仕事が順調に進んで稼ぎが上がってきたというときに、「あんた、また浮気したでしょ！」と疑いをかけて、夫婦喧嘩で夜も寝かせないということをしてしまいます。

実は10年前にこの女性の友達と旦那さんが飲みに行ったという事件から、大変な夫婦喧嘩に発展していました。「もう離婚だ！」という状態にまでなったのですが、子どもたちのことを考えてなんとか喧嘩はおさまりました。

ところがその後、旦那さんが仕事でうまくいくようになって、うれしそうな顔で帰ってくることで、奥さんの脳内では「私はこんなに大変な思いをして子育てしているのに誰からも認められない。あんたはずるい！」と嫉妬の発作が起きてしまっていたのです。そして10年前のことが昨日のことのように思い出されて、「あんた！　また浮気したでしょ！」と疑ってしまったのです。

子どもも大きくなってきて、「これから旦那に頑張って働いてもらわなきゃ！」と言っていた矢先なのに、旦那さんは奥さんから責められることで仕事に対するやる気がなくなってしまいました。夜も眠れなくなり、うつ状態になって会社に行けなくなってしまったのです。

ここで重要なのは、「浮気をした旦那が悪い」とか「嫉妬の発作を起こした奥さんが問題」ということではありません。奥さんは**「経済的に大変」とわかっていながら、嫉妬の発作によって経済的なことが眼中になくなってしまった**ということです。嫉妬の発作はお金持ちになる状況を簡単にひっくり返してしまうのです。

〝嫉妬の発作〟の観点からいじめを考える

以前、テレビでフクロウの成長を追ったドキュメンタリー番組を放送していました。4羽のひな鳥の中で、1羽だけが弱っている様子です。その1羽も母鳥から餌をもらっていたのですが、ほかの元気な3羽に突っつかれて高い木の上の巣から落ちてしまいました。

これは動物の専門家が見れば、動物的な本能で「弱い遺伝子を残さないようにする」という行動だそうです。

この行動も〝動物的な嫉妬〟として考えてみると面白いなと思いました。弱っているひな鳥は、親鳥からの「この子はかわいそう」という哀れみである〝愛情〟を受けます。ほかの強いひな鳥たちは「弱いくせに、お前だけ愛情を受けやがって！」と嫉妬の発作を起こして、「破壊してやる！」となってしまうのです。

私は、「これって子どものいじめと一緒だよな」と思いました。肉体的に強いヤンキーの生徒が、ひ弱な生徒を小突き回して、学校に来られなくしてしまいます。一見、ただの「弱い者いじめ」に見えますが、実際はヤンキーが決して得ることのない**「かわいそう」という哀れみを、ひ弱な子が周囲から受け止っていると感じることで、発作が起きてしまっている**のです。

破壊的な人格に変身しているときは「自分は正しいことをやっている！」という感覚で、「嫉妬している」という自覚はまったく持てません。それこそ「種の淘汰《とうた》（弱い個体を排除すること）をしている」とか「遊んで鍛えてやっている」と勝手な理由付けをしていじめ続けてしまうのです。

もちろん、いじめを動物的本能だから仕方ないと言うつもりはありませんが、嫉妬の発作という観点から見ると、このようにも考えることができるのです。

みんな「自分は優れた存在だ！」と思っている

なぜみんな有名人を批判するのか

テレビやインターネットで「有名人のスキャンダル」が暴かれることがあります。街頭でインタビューを受けている人が「あの人は間違っている！」とか「あの行動は最低だ！」と批判します。ネットではスキャンダルを起こした人に対する悪口が書き込まれ、炎上してしまいます。

一方で、こうした批判に対して、「自分のことを差し置いて、テレビに出るほどの有名人や偉い人のことをよく悪く言えるな」という書き込みもたくさん見られます。

一般人が自分より地位も知名度も高い人たちを批判できるのは、〝優劣の錯覚〟が嫉

誰でも自分を「優れた存在だ」と思っている

妬の発作に影響しているからです。優劣の錯覚というのは、多くの人が持っている**「自分は平均よりも優れた存在だ！」**という錯覚のことです。

嫉妬の発作の条件は「自分より立場の低い人間が、自分より優れたものを持っていること」です。優劣の錯覚がなければ、「テレビに出るような人は自分よりも上」という認識になるから、嫉妬の発作は起きません。スキャンダルのニュースを見ても「へー、そうなんだ」とドライに反応するだけです。

でも、優劣の錯覚がある一般人がニュースを見ると、「スキャンダルを起こした有名人は自分よりも下！」と認識してしまいます。そして「そんな人間がテレビに出て私よりもお金を稼いでいる！」ということで嫉妬の発作が起きて破壊的な人格になるから、悪口が止まらなくなってしまいます。

「あの人は間違っている！　世の中のために成敗してやる！」ということを盾に、インタビューで批判をしたり、ネットで悪口を書き込んだりします。**嫉妬の発作で破壊的な人格になっているから、いくらでも辛辣《しんらつ》なことを言える**のです。

インターネットによって嫉妬の発作が見えやすくなった

優劣の錯覚はいろいろな場面で起こります。

例えば面白くない映画を見ても、優劣の錯覚がない人だったら「面白くはなかったけど、私に映画が撮れるわけでもないし」と、監督や役者に対する批判は湧いてきません。

でも、優劣の錯覚があると、「自分のほうがこんな映画よりもうまく撮れる！」と考えるので、「なんだあの監督は！　こんなつまらない映画を撮りやがって！」と嫉妬の発作が起きてしまいます。さらに「自分よりも下のくせに、こんな有名な俳優を使ってお金をかけやがって！」と、ますます嫉妬の発作が止まらなくなり、ネットで映画の批判をしなければ気が済まなくなってしまうのです。

もっとわかりやすいのがスポーツです。サッカーの試合を見て、一般の人は、プレーをしている選手に対して「下手くそ！」とか「なんでお前が出てるんだよ！」と批判してしまいます。**プロのサッカー選手と自分の身体能力を比べれば、「自分よりすごい！」となるはず**なのに、優劣の錯覚があるから、プロの選手がちょっとでもミスをしたら「自分よりも下！」となってしまいます。「それなのにあんな大きな試合に出やがって！」と発作が起きて、批判が止まらなくなってしまうのです。

以前は、嫉妬の発作がこんなに一般的に起きているということは認識されていませんでした。学校や会社のいじめのように、「陰湿な嫉妬は特殊な人が起こすもの」と思われていたのです。ところが、いまはインターネットによって、**嫉妬の発作がとても見えやすくなっています**。ネットの炎上はしょっちゅう起きています。そこには、嫉妬の発作が大きく関わっているのです。

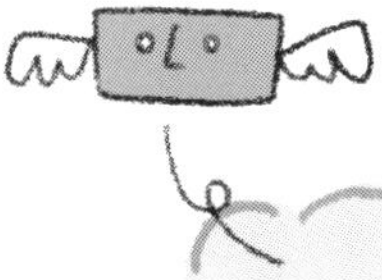

〝お金〟は何よりも強い嫉妬の対象

お金の貸し借りが立場の上下をつくる

先ほど、私がお年玉のことで弟に嫉妬の発作を起こしたお話をしましたが、〝お金〟で嫉妬の発作を起こしたという視点で振り返ってみると、興味深いことがあります。

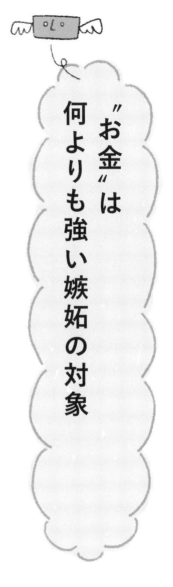

私は子どもの頃から親に「友達とのお金の貸し借りはしちゃダメよ！」ときつく言われていました。当時は「何でダメなんだろう？」と理由が理解できなかったのですが、「まあ、とにかくやっちゃダメなんだな」とその教えを守ります。

でも、友達同士でお金を貸し借りしているのを見たときに、「なるほど！」ということがわかりました。「お金を貸してくれ」と頼む人は、「いいよ！」と貸してくれた相手のことを、**「こいつは自分の頼みを聞いてくれるから自分よりも下！」**と動物的に認識してしまうのです。そうして、「自分よりも下なのに自分よりもお金を持っている」ということで嫉妬の発作を起こしてしまいます。だから「いつまで経ってもお金を返さない！」という現象が起きてしまうのです。破壊的な人格に変身しているから、「返す必要がない」となってしまうわけです。

お金を貸した側も、**「こいつはお金がないんだ」ということで、相手を自分よりも下だと認識します**。そして「私はお金を自由に使えないのに私のお金を自由に使いやがって！」ということで嫉妬の発作が起きて、周りの人たちに「あいつ、私にお金を借りておいてちっとも返さない！」と悪口を言ってしまいます。破壊的な人格に変身しているから、「返さないんだから悪口を広められて当然！」と思ってしまうのです。

そして、それが相手の耳に入って「もう、絶交だ！」となって関係が壊れてしまいます。そんな流れを見ていると、「お金って、嫉妬の発作を起こしやすいんだ！」ということがよくわかるのです。

タイムセールを逃すだけで発作が起きる

昔、アルバイトをしていた頃、同じ時期に入った同僚の時給が私より１００円高いということを知ってしまったときが大変でした。涙目で店長に「なんであの人のほうが私よりも時給が高いんですか！」と抗議します。店長が説明してくれても言い訳にしか聞こえなくて、「もう辞めます！」と辞めてしまいました。

発作で破壊的な人格に変身した私には、社会的なマナーや後先のことが考えられなかったのです。後になって振り返ってみて、「お金で簡単に発作が起きるんだ！」と自覚できた瞬間でした。

お金の場合、嫉妬の発作が起こりやすいことに加えて、その症状が特に強く出てしまうから怖いのです。

スーパーでお肉を買い物かごに入れて、レジを済ませた後、「いまからタイムセールで肉が半額になります！」というアナウンスを聞いてしまえば、「あ！　損をさせられた！」と嫉妬の発作を起こしてしまいます。破壊的な人格になって、半額で肉を買った人たちがものすごく憎々しく見えてしまいます。そして、買い物かごを蹴飛ばしたくなって、「二度とこんなところに来るか！」と思ってしまうのです。

そうすると、脳内でその店と嫉妬の発作が自動的に条件付けられてしまって、「店の前を通るのも嫌！」となってしまいます。普段買い物をしていれば、タイムセールで買いそびれるなんてことはよく起きることなのですが、「損をさせられた！」「得をしている人がいる！」と嫉妬の発作を起こしてしまうことで、「もうあそこの店には行かない！」となってしまうのです。私はそうしてどんどん行けない店を増やしてしまって、買い物が不便になってしまいました。

この本を書きながら自分のいままでの人生を振り返ると、簡単に嫉妬の発作を起こしてきたなと思います。そのほとんどが〝お金〟が絡んでいるのでびっくりしてしまいます。**お金は本当に強力な嫉妬の発作の引き金になる**のです。

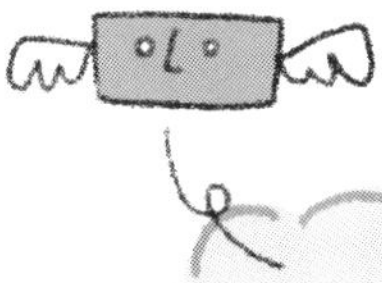

嫉妬の発作の本当の引き金は〝孤独〟

神様からの愛を受け取れない！

私は街できれいな服を着ている女性を見かけて、「いいな〜！」と思った瞬間に、「自分はいつもお金もなくてこんなに惨めな服を着ている」と嫉妬の発作を起こして惨めな気持ちになってしまうことがありました。でも、ここに「私」と「女性」のほかに〝第三者〟はいません。先ほど〝嫉妬〟と〝羨望〟の違いをお話ししましたが、〝嫉妬〟には第三者の存在が必要です。専門家が聞いたら、「それって嫉妬じゃなくてお金持ちに対する羨望でしょ！」と言われてしまいます。

でも、私はこの**発作の裏には、お金の流れを采配している〝神〟や〝運〟という第**

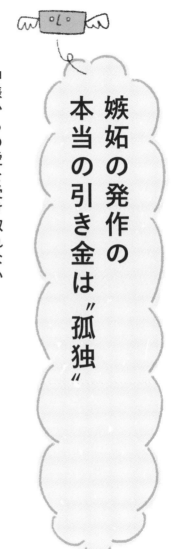

三者がいると考えています。この場合、嫉妬の対象は女性ですから、お金があっても私は同じ服を買いません。だから、単純に「うらやましい」という〝羨望〟ではないはずです。お金が〝神からの愛〟の象徴となっているのです。

私としては「これだけ真面目に清く正しく生きている」わけですから、「あの人よりも私のほうが上！」となります。それなのに**「私がもらうはずの〝神からの愛〟を奪ってお金持ちになっている！」**から、嫉妬の発作が起きてしまうのです。

そう考えてみると、とても重要なことが見えてきます。「あの人は神から愛されていて、私はあの人ほど愛されていない！」から発作を起こすということは、**お金がどうこうということの前に、〝孤独〟という本当の発作の引き金がある**のではないかと考えられるのです。

私が時給の問題で発作を起こしてしまったときは、「こんなに一生懸命に働いているのに店長は認めてくれない！」ということが〝誰からも認められない孤独〟に繋がっていたのだと考えられます。それをきっかけに、〝孤独ではない人〟に対して破壊的な行動をしてしまうのが嫉妬の発作だということです。

スーパーで買い物をしたときも、「自分だけが損をしている」という孤独を感じるこ

嫉妬の発作の本当の引き金は"孤独"

とで発作を起こして、特売品を買えた〝孤独ではない人〟に嫉妬の怒りが向いてしまう。そして、この流れをつくったスーパーの店長に怒りが湧いてしまうのです。

嫉妬の発作の引き金は〝お金〟に見えるのですが、その奥には「自分だけが運に見放されている」という孤独があります。いくら特売品を手に入れたって、時給が上がったって、私の嫉妬の発作はなかなかおさまりませんでした。なぜなら、お金の問題ではなくて、本当は孤独が発作の引き金だからです。この**孤独が解消されたときに、嫉妬の発作から解放されて自由になり、破壊的な言動をする必要がなくなる**のです。

相手の「運からの祝福」を奪おうとする

同窓会などに行って、「あ！　あいつ私よりも勉強ができなかったのに私よりも年収が高い！」となったら、「ビビビッ！」と嫉妬の発作を起こしてしまいます。破壊的な人格になって、「あんた、全然勉強ができなくて、馬鹿じゃないかと思っていた」「みんなにいじめられて泣いていたよね！　気持ち悪かった！」と言ってしまったりします。

これは「年収が高い」というきっかけで起きるのですが、その破壊的な言動の意図は「相手を惨めな気持ちにさせる」ということでしかありません。

嫉妬の発作が起きると、なぜ破壊的な言動で相手を惨めにさせるのかという目的を考えてみます。一つは**〝神〟や〝運〟がその人を祝福することでお金持ちになっているのだから、相手を陥《おとしい》れて破壊して、その人の分の祝福を奪ってしまおう**ということです。

嫉妬の発作は本能的なものであり、自分でコントロールできません。だから、破壊的な言動をするときも、本人はその意図を意識していないのです。でも、そこには「相手を破壊することで、相手が受けていた恩恵が受けられるのでは」という本能的な目的があるのではないかと感じるのです。

パートナーに浮気相手がいることが発覚したとき、「パートナーの愛情を自分に向ける努力をしよう！」とはなりません。パートナーに対する憎しみの言動で大変なことになってしまいます。嫉妬の発作を起こしたときは、破壊することで自分に愛情を向けようとします。お金で嫉妬の発作を起こしたときも、同様のことが起きていると考えられるのです。

もう一つの可能性は、**「あいつの年収が高いから自分だけ取り残される」という孤独から逃れるため**に発作を起こすということです。相手と比較することで自分が「惨めで哀れな存在」に思えて孤独を感じてしまう。この孤独を解消するために相手を攻撃して惨めにさせることで、「自分だけが惨めで孤独じゃない」という状況をつくろうとしてしまうのです。

第3章

〝発作の伝染〟でお金が貯まらない

″脳のネットワーク″で発作が伝染する

他人のあくびがうつる理由

私たちの脳の中には「ミラーニューロン」という神経細胞があります。１９９６年にイタリアの脳科学者によって発見されました。人は他人の動作を見ているとき、この神経細胞の働きによって、自動的にその人の真似をするということがわかっています。

イメージしやすい例で言えば、人があくびをしているのを見ていると、別に眠くもないのに自分もあくびをしてしまうということです。

ほかにも、隣の人の緊張が自分にうつってしまうなど、**脳は「無線ＬＡＮ」のよう**

脳はネットワークで繋がっている

に、常にいろいろな人と繋がっています。現代の科学では計測できない周波数でお互いにコミュニケーションを取っているという仮説を、私は**〝脳のネットワーク〟**と呼んでいます。

厄介なことに、脳の発作でも同じことが起きます。**他人の発作が脳のネットワークによって伝染してしまい、「私も発作を起こしてしまう」**ということが起きるのです。

この例で言えば、ひと昔前、アイドルのコンサートで何人もの観客が倒れてしまうということがときどき起こりました。これは脳の発作が他人に伝わっているからです。「キャ〜!」と興奮し過ぎて1人が失神すると、それが伝染して、何人もが失神してしまうのです。

あるいは駅伝大会などでも見られます。1人の選手が低血糖の発作を起こして倒れてしまうと、その大会で何人もの選手が同じように低血糖の発作を起こして倒れてしまうということがあります。これも「自分もあのように倒れてしまったらどうしよう？」と不安になったときに、発作を起こした人の脳とネットワークで繋がってしまって、発作が伝染するからなのです。

「できないとき」は近くに発作を起こしている人がいる

例えば、部下が電話対応の後に「ガチャーン！」と受話器を叩きつけるように置いてしまうので、上司が「そっと優しく置いてね！」と注意します。そのときは丁寧に受話器を置くようになるのですが、しばらくすると、また「ガチャーン！」とやってしまいます。これは部下が電話をしているのを上司が聞いていて、「またやるんじゃないか」とイラッとする。その瞬間に怒りの発作が部下に伝染してしまったからです。

昔、私は怒りの発作を頻繁に起こす上司の下で働いているとき、「上司がイライラしているかも」と思った途端に、蛇に睨まれたカエル状態になってしまって、「あわ、あわ、あわ」と言葉がうまく出てこなくなりました。そして「お前は何をやっているんだ！」と怒鳴りつけられます。

普通だったら「怒った上司に怯えたり緊張したりして言葉がうまく出てこなくなった」と解釈します。でも実際は、上司の怒りの発作が伝染して、こちらの脳も発作状態になってしまったので、「思ったことが言葉にならない！」とパニックになってしまっていたのです。

いくら自分が冷静に対応をしていても、**周りに脳の発作を起こす人がいると、その発作が脳のネットワークで伝染してきて、自分の脳も発作を起こしてしまいます**。ですから「思ったことができない！」となっているときは「近くに発作を起こしてる人がいるかも？」と疑ってみましょう。その人の発作が伝染してしまうから、脳内で自由が奪われて、自分が本当にしたいことができなくなるのです。

会社で仕事ができない社員がいるときは、その近くに誰か「イラッ！」と怒りの発作を起こしている人がいる場合があります。その怒りの発作を起こしている人がいなくなると、伝染もおさまるので、普通に仕事ができるようになります。

「この人がいると仕事ができない！」ということがわかれば、距離を取ることもできます。その相手の発作を止めることはできなくても、対応はできるわけです。

嫉妬の発作の伝染は「電気ショック」

友達からの嫉妬で病気が治らない！

脳の発作の中でも、嫉妬の発作はより強いエネルギーで伝染します。まるで電気ショックを浴びるように、ダメージを与えられてしまうのです。

私のカウンセリングに「身体の痛みが取れない」という方がいらっしゃって、「あれ？　治療をしても痛みが止まらないぞ！　おかしい！」となったことがありました。そこで「誰かにこの身体の痛みのことを相談していませんか？」と聞いてみたら、「友達3人に毎日のように相談していますけど何か？」と言われて、「なるほど！」と思いました。

この方に何が起きていたのでしょうか。

実は、身体の痛みが消えないのは、友達の嫉妬の発作が原因でした。

まず、嫉妬の発作の条件は、「自分より立場の低い人間が、自分より優れたものを持っていること」です。この場合、病気について相談することで、友達の頭の中では「身体の痛みがあるから自分よりも下！」と自動的に格付けされてしまいます。それなのに「みんなからかわいそうと思われている」となると、「私が持っていない周囲からの愛情を受けている」ということで「ビビビッ！」と発作が起きてしまいます。

笑顔で相談を受けていても、その裏では嫉妬の発作が起きていて、「甘ったれるな！」とか「怠《なま》け者！」「あんたが悪いからこんなことになったんでしょ！」といった思考がバンバン湧いています。

それが脳のネットワークで本人に伝わるのです。そうして友達の嫉妬の発作が身体に突き刺さって痛みがちっとも消えない、という状態になっていたのです。

クライアントさんにそのことを説明すると、「え〜？　あんなに親身に聞いてくれていたのに？」とおっしゃったのですが、友達に相談することをやめた途端に「あれ？痛みがなくなった！」となって、本人もびっくりでした。

これはお医者さんに行ってもあることで、「身体の調子が悪いんです」と相談したら、お医者さんよりも自分は下の立場になります。そんな人間がインターネットで調べて「この病気じゃないかと思っているんですけど」と伝えて、それがお医者さんの知らない知識だったりすると大変です。お医者さんが「ビビビッ！」と嫉妬の発作を起こして、「それが何か？」と冷たくあしらわれてしまいます。お医者さんだって動物だから、条件が揃えば嫉妬の発作は簡単に起きてしまいます。

「相手に相談する」ということ自体が「自分よりも立場が下」という状況をつくります。その相談相手よりもちょっとでも優れたものを持っていると嫉妬の発作を起こしてしまうから、どんどん問題がこじれていってしまいます。

立場も下で、すべてにおいて下であれば相談しても嫉妬の発作が起きないから問題はないのです。「なんかおかしい！」という場合は、相手が攻撃的な言動をしなくても脳内で嫉妬の発作を起こしていて、その電気に感電して「全然状況が改善しない！」となっていることがあるのです。

同僚の嫉妬で倒れてしまった女性

ある女性は、職場で「営業成績が上がった！」となって、その成績に合わせて昇給がありました。黙っていればいいのに「上司から認めてもらって昇給しちゃった！」と同僚に言ってしまいました。もちろん、みんなに喜んでもらえると思ったのに、同期たちは能面のような顔になって、「し〜ん」となってしまいました。

仲が良かったはずの子からは、「あなたって場の空気を読まないよね！　よくそれで営業の成績を上げられるよね！」と言われてしまいました。それから職場に行くたびに、電気ショックを受けているかのようにどんどん疲れて、ボロボロになっていってしまいます。

いつも嫌味なことを言われるわけではなく、陰湿ないじめに遭っているわけでもないのですが、職場のドアを開けた途端に冷たい視線を感じてしまいます。みんなの挨拶が自分だけに冷たい感じがして、「うわ！　嫌だ、この職場」と、どんどん苦しくなっていきます。そして、やがて職場で「バタン」と倒れて救急車で運ばれます。

それでも翌日頑張って会社に行くと、会社の人たちが「あの子はあんな演技をして注目を集めているだけ」と陰でこそこそ言っているのが耳に入ってきます。そしてついに、「もうこんな会社にいられない！」となってしまったのです。

興味深いのは、真っ青な顔になって倒れたのにもかかわらず、お医者さんに診てもらっても「身体的には何も異常はありません」と言われてしまったことです。女性は「え？　こんなに身体がだるいし、動けないぐらい辛いのに？」と不安になり、「やっぱり自分が甘えているからこんなことになるのかもしれない」と思ってしまいます。

実際にカウンセリングに来ていただいたとき、女性は顔面蒼白《そうはく》で、「一目見て体調が悪そう」と感じるような状態でした。話を聞いてみると「あ！　同僚からの嫉妬の発作で電気ショックを受けちゃっているからこんな状態になるんだ！」ということがわかったのです。

嫉妬の発作が起きると、脳内で過剰な電気が発生して「ビビビッ！」となり、破壊的な人格に変身してしまいます。嫉妬の発作を起こした同僚の電気が「ビビビッ！」と脳のネットワークで女性の脳に流れ込んできて感電させます。そして**脳の身体のだるさや苦痛を感じさせる部位が刺激されることで、「身体がだるい！」となったり「体調が悪い！」となったりしてしまう**のです。

この女性が嫉妬の影響を受けて体調が悪くなっているということを、なぜ私がわかったのかというと、私も女性とまったく同じ経験をしたことがあったからです。

私は営業マンとしてある企業で働いていたことがありました。その仕事に向いていたのか、入社後すぐに営業成績が上位になります。すると周りの社員の反応が冷たくなり、挨拶をしてくれない人も出てきました。

そのとき、あの女性と同じように、「身体がだるい！」とか「お腹が痛い！」と、会社に行くのが億劫《おっくう》になりました。そして本当に職場で「バタン」と倒れてしまったことがあったのです。倒れたのはちょうど私の昇進の辞令が張り出された日でした。

もちろん私も、「精神的に弱いからこんな状態になってしまった」とものすごく悩みました。でもその後、私と同じような成績を上げる人たちと一緒に働くようになったら、「あれ？　全然身体がだるくない！」となってびっくりしました。あんなに体調が悪かったのに、みるみる回復して元気になっていきます。

そのときは「働く環境って大切なんだ」と思っていたのですが、脳の視点で考えてみたら、「あれって周りの人の嫉妬の電気ショックを受けていたから倒れちゃったんだ！」ということがわかったのです。自分と同じくらいの成績の人たちの中にいれば嫉妬されることもないから、体調も回復していったわけです。

女性のケースを見ても、真面目な性格ゆえに、正直に同僚に話をしたことが「自慢話をしている」と取られて、嫉妬の電気ショックを受けていたのだとわかります。そしてこの女性も、自分と同じ能力を持った集団に入ると、「身体がだるくない！　調子がいい！」とフットワークが軽くなったそうです。そうしてみるみる成績が上がって会社で重要なポジションに就くことができたと聞いて、「やっぱり嫉妬の電気に感電していたんだ！」と思いました。

嫉妬の電流は脳のネガティブな部分を刺激する

このように、嫉妬の発作を起こしている相手が直接的に嫌味を言ってきたり、見当違いの注意をしてきたりしなくても、**脳のネットワークで感電することでダメージを受けてしまう**ことがあります。

一方で、直接攻撃されることで、精神的なダメージを受けるということももちろん起こります。相手に言われたことが気になってしまい、嫌な気分になって「自分はダメ人間かもしれない」と落ち込んでしまいます。

でも、こうした場合も、相手の言葉だけからダメージを受けるわけではありません。**嫉妬の電流が脳のネットワークで伝わってきて、脳のうつ的な気分にさせる部位を刺激してしまうことで、自己不全感に苛まれているだけ**なのです。

嫉妬の電流は、脳の〝罪悪感〟や〝焦燥感《しょうそう》〟を引き起こす部分も刺激します。

〝罪悪感〟を感じる部位が刺激されてしまうと、「悪いことをしちゃったかな？」と苦しむようになります。そうすると「お金を稼ぐ」ということにも罪悪感を感じるようになってしまい、知らず知らずのうちに「こんなに苦しむのだったら貧乏のほうがまし」と思うようになってしまうのです。

電流が〝焦燥感〟を感じる部位を刺激すると、「なんだか落ち着かない！」となってしまいます。そして「お金持ちになるチャンス」が来ても、焦ってそれを逃してしまうようになります。

でも、みんな「自信がないからお金持ちになれないんだ！」とか「落ち着きがないからお金持ちになれない」と思ってしまいます。つまり、**「自分の問題」だと考えているのですが、実際は相手の嫉妬の発作の電気に感電して、自己不全感、罪悪感、そし**

て焦燥感でお金を逃しているだけなのです。そのことに気が付かないで真面目に**「自分に問題がある」と反省してしまうと、〝弱者〟になってしまい、ますます周囲から嫉妬の発作の電流を浴びてしまいます。**そうして罪悪感がどんどん強くなってしまい、「お金が怖い！」という反応が起きてしまうのです。

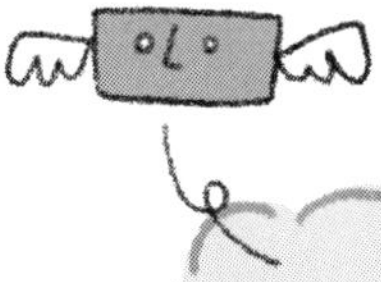

〝他人からの嫉妬〟で破壊的な人格に変身！

上司からの嫉妬で仕事が台無しに

嫉妬の発作が脳のネットワークで伝染する。そのことでダメージを受けてしまうのですが、もっと厄介なのは、**嫉妬の発作を起こしている相手と同じように、自分も破壊的な人格に変身してしまう**ということです。自分が誰にも嫉妬していなくても、誰かから嫉妬されることで破壊的な行動をしてしまう。そうして「なぜかお金が貯まらない！」となってしまっていることもあるのです。

職場で「やっと仕事が終わった！　これで給料がアップするかも！」と希望に満ち溢れていると、上司が「ビビビッ！」と嫉妬の発作を起こしてしまいます。上司は頭の中で「部下で私よりも仕事ができないくせに、給料が上がるなんて生意気な！」と考えているわけです。

このときに上司が破壊的な言動をしなくても、脳のネットワークで上司の嫉妬の発作が飛んできて、「ビビビッ！」と感電してしまいます。その途端に「え？　大丈夫かな？　終わったと思ったけど」と不安になって、十分に確認したはずの仕事をまた見直してしまいます。

これは上司の嫉妬の発作を浴びてしまうことで、自分の脳内も嫉妬の発作と同じような状態になってしまうからです。だから破壊的な人格に変身して、終わったはずの仕事を見直してしまい、「ここは間違っている！」と仕事の問題点が見えてきてしまいます。

このメカニズムは、自分の好きな人がしている仕事を見たら、どんな仕事でも「いいね〜！」と認められるのに、苦手な人だとまったく同じ仕事をしていても、「なんじゃこりゃ！」と片っ端からダメ出ししたくなってしまうのと同じです。

嫉妬の発作の電流を脳で受け取ってしまうと、さっきまで「いい仕事ができた！」と思っていたのが「ダメじゃん！　これじゃ！」とダメ出ししたくなって、仕事に変

上司の嫉妬の発作に感電してしまう！

更を加えてしまいます。一つ変更を加えてしまうと、どんどん崩れていってしまいます。そうしてせっかく終えた仕事を破壊するようなことをしてしまいます。見直せば見直すほど「全然ダメだ！」となって、さっきまでの自信がまったくなくなってしまいます。

自信がない状態で上司に提出してしまうと、〝弱者〟になりますから、ますます上司の脳内で嫉妬の発作が起きて、ダメ出しが止まらなくなります。それに動じたり傷ついたりしてしまうとさらに弱者になってしまいますから、上司の破壊的言動が止まらなくなるという悪循環になってしまうのです。

そして上司からダメ出しを受けた後に、同僚がニヤニヤしていたら「こいつなんの仕事もしていないくせに、偉そうにしやがって！」と、そこでも嫉妬の発作が起きてしまいます。わざと同僚の椅子にぶつかったり、同僚の書類を落としたり、という地味な破壊的言動が止まらなくなって、「自分ってイヤなヤツだな〜！」と後悔してしまうのです。

嫉妬の発作は、それだけで相手を感電させて破壊的な行動をさせることができてしまいます。さらに、発作は簡単に連鎖するので職場中が嫉妬の発作だらけになって、雰囲気が悪くなってしまいます。嫉妬の発作の連鎖は本当に怖いのです。

嫉妬の発作の連鎖が起こりやすい嫁姑関係

こうした嫉妬の発作の連鎖が特に起きやすいのが、嫁姑関係です。姑から見れば「大切に育てた息子の愛情を奪われた」ということで「ビビビッ！」と嫉妬の発作が起きます。息子が稼いだお金は〝愛の象徴〟なので、嫁がちょっとでも高い調理器具を使ったりすると、「息子の愛情を使ってこんな無駄なものを買って！」となり、破壊的な人格に変身してしまいます。そして「こんな高価な調理器具をあなたは使いこなせるの？」と嫁に対して破壊的言動をしてしまいます。

もちろん姑には「嫌味を言っている」という自覚がありません。親切心で言っているつもりですが、嫁は嫌味を言われたと感じてしまいます。さらに嫁は嫉妬の発作に感電しているので固まってしまいます。すると姑は「ふてくされた態度を取って生意気な！」とさらに嫉妬の発作を起こして、「ちゃんと息子に料理を作っているのかしら？　あの子最近体調が悪そうだし」と言ってしまうのです。

嫁は姑の嫉妬の発作に感電して破壊的な人格になって、「ワ〜ン！」と泣いて2階に駆け上がってしまいます。姑からすれば、泣いている嫁は余計に〝弱者〟ですから、そんな弱者が息子の愛を奪っている、ということになります。ますます嫉妬の発作がおさまらなくなり、「親戚中に嫁の悪口を言うのが止まらない！」となるわけです。

そして、夫が帰ってくると嫁は発作を起こしながら、「お義母さんにこんなことを言われた！」と訴えます。すると**夫も嫁の嫉妬の発作に感電**して、「いいかげんにしてくれよ！　疲れて帰ってきているんだから！」と破壊的な言葉が口から出てきてしまいます。「しまった！」と思っても、時すでに遅しです。

今度は嫁の脳の中で「近所の家よりも年収が低いくせに疲れているなんて生意気なことを言いやがって！」と夫に対する嫉妬の発作が起きてしまって、「気持ち悪いマザコンが！」とか「人の気持ちを考えない最低人間！」というような破壊的言動が止まらなくなります。**さらにその嫉妬の発作が夫に感電**して、「俺よりもお金を稼がないのに生意気なことを言うな！」と止まらなくなります。そうして真夜中までバトルが続き、お互いの精神と身体を破壊し合ってしまうのです。

翌日、睡眠不足で会社に行った夫は仕事ができない弱者になりますから、周りからの嫉妬の発作を受けてますます仕事ができない状態になってしまいます。そして「経済的にちっとも豊かになれない」という現実が、いつまで経っても変わらなくなってしまうのです。

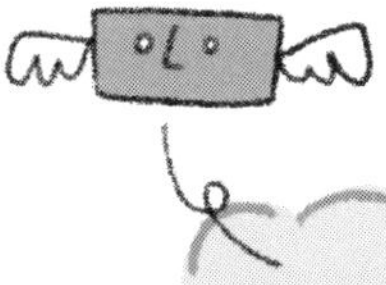

嫉妬の発作が伝染してお金が稼げない

旦那からの嫉妬で稼げない

ある女性は、「旦那よりも稼げるようになった！」と喜んでいました。でも一方で「あれ？　お金がどんどんなくなっていく！」となってしまって、自分でもわけがわかりません。気が付けばお金の管理が全然できなくなっていて、「いつの間にかカードローンの金額がものすごいことになっていた！」とびっくりします。旦那さんに相談して助けてもらって、お金の管理をすべて任せることになってしまいました。

これは、**旦那さんが「自分よりも給料が高い」ということで嫉妬の発作を起こして、その発作が女性に連鎖することで「お金の管理ができなくなる！」となっていただけ**

です。でも、そのことには誰も気が付きません。そうして女性の発作の症状はどんどんひどくなっていきます。

この女性の場合、カウンセリングを通して「夫から嫉妬の発作をうつされているだけなんだ！」とわかったら、「なんであんなに無駄遣いしていたんだろう？」と我に返ることができました。本来は、ちゃんとお金を貯める計画もできるし、計算能力も長けている女性でした。嫉妬の発作を受けてしまうことでその能力が使えなくなって、いつの間にか自分がしたいことと逆のことをやってしまっていたのです。

姑からの嫉妬で稼げない

また別の女性のケースです。彼女は実家がお弁当屋さんをやっている男性と結婚しました。すぐに子どもが生まれて、初めは子育てに専念していたのですが、子どもが保育園に行くようになってから、「仕事をしたい！」と思うようになりました。旦那さんに相談をしたら、「うちで働けば」と言われてお弁当屋さんで働き始めます。

それまで姑と旦那さんが一緒にお店を切り盛りしていたのですが、この女性は働き始めてすぐに、「このお店の働き方は効率が悪い！」ということに気が付いてしまいます。パートさんもうまく使えていなくて、人件費が無駄になっていました。さらに女性が材料費を見直したら、そこにも無駄を見つけることができました。

女性は頑張っていろいろな改善をしていきます。そうしてパートさんの動きも良くなってきて、どんどん売り上げもアップしてきました。「さあ、これから！」とさらに頑張ろうとしたのですが、なぜか「なんだかイライラする！」となってしまいます。気分が「ドーン！」と落ち込んでしまって、だらだらと仕事をしている姑を怒鳴りつけてしまいます。旦那に話しても味方をしてくれません。そして夫婦喧嘩をして、「こんな所で働いていられない！」と、せっかく盛り上げた店の仕事を手放してしまいました。

これは、**女性に対する姑の嫉妬の発作が伝染した**のだと考えられます。姑は「長年自分がやってきたのに、横から入ってきて自分よりも売り上げを上げるなんて！」と嫉妬の発作を起こします。それが女性に伝染して、「破壊的な人格に変身！」となってしまったのです。

この場合、姑は一見静かで理解のある人のように見えたのですが、脳内ではしっかりと嫉妬の発作が起きていました。お嫁さんに「ちゃんと旦那の面倒も見られないのに、よくまあ仕事に口出しできるわね」と笑顔でボソッと言ってしまいます。普段はそんなことを言うような人には見えないから、女性が旦那さんに「こんなひどいことを言われた！」と泣きながら訴えても、「え？　おふくろはそんなことは言わないだろ！」と見当違いな答えを返してきます。実際に旦那さんが母親に「そんなことを言ったの？」と聞いても、「言ってないわよ！　彼女突然キレるから怖いのよ！」と、女性は悪者にされてしまいます。

発作ですから、お互いに自覚がありません。さらに**自分が攻撃的になった記憶も抜けてしまって、相手に言われたことしか残っていないから、「私だけがひどいことをされた！」となってしまう**のです。

目上の人からの嫉妬で稼げない

私は子どもの頃、「先生はみんなに対して平等である」と思っていました。でも、実際には平等であるはずの教師も生徒によって対応の差があります。これも嫉妬の発作を起こしてしまうからです。「自分よりも下の立場なのに、生意気なことを言って」ということをきっかけに発作が起きて、破壊的な行動をしてしまいます。

小学生のとき、「先生！　その説明ではわかりません！」と言ったら、ほかの生徒が同じことを言ってもその先生は笑って反応しなかったのに、私のときだけキレて、「なんだこの野郎！　教師をなめやがって！」と理科室の椅子を投げつけられました。

いまになれば笑い話ですが、当時は「え？　なんで？」と納得できませんでした。そして先生の嫉妬の発作が伝染して、「勉強しない！」という破壊的な態度を取ってしまいます。でも、嫉妬の発作を起こしている自覚なんか一切ありませんでした。大人たちには「先生に反抗して勉強をしない」と思われていたかもしれませんが、私にはそんな考えは一切なく、ただ勉強ができなくなっていったのです。

相手は先生です。普通であれば生徒に嫉妬するなんて考えにくいのですが、**「こんな人が自分に嫉妬なんてしないだろう」と思う人にも、嫉妬される**ことがあります。

大人になった私は有名な大先生の元で仕事をするようになって、「どんどん力を伸ばしていくぞ！」とやる気になっていました。そして、売り上げも伸ばしていって「これだけ頑張ったんだから給料をグンと上げてほしいな」と思っていたら、会議の場で大先生から「あんた、感謝されたいからこの仕事をやっているの？」と言われて、みんなの前で恥をかかされました。ショックを受けて、それから自分のやりたい仕事に向き合えなくなりました。

いまだったら、「嫉妬の発作が伝染したんだな」とわかるのですが、小学生の頃と同様に、大先生が私に嫉妬するなんて考えられませんでした。それに、嫉妬をしているようにはとても見えなくて、「何であんなことを言うんだろう？　私が悪いからかな？」とずっと自分を責めていました。

そして私はそれからもどんどん仕事のチャンスを潰していきます。当時に「嫉妬なんだ」ということに気が付いていたら、どれだけの経済損失を防げたのかと計算してしまい、そのことで自分自身の発作が止まらなくなるようなことになっていたのです。

実は、**嫉妬の発作が伝染するとき、ほとんどの場合は、「この人は私に嫉妬の発作なんか起こすわけがない！」と思うような人に嫉妬されています**。「自分を陥れようとしているのか」と思いますが、発作だから悪意もありません。相手は嫉妬の発作を起こしていることすら自分で気が付かない場合がほとんどです。でも、発作は確実に起きて伝染しています。そこから経済的な損失を生み出してしまうのです。

特に影響が大きい〝親の嫉妬〟

親子関係には嫉妬の条件が揃っている

この本でも、親子間で起こる発作の事例をいくつか紹介してきたように、**親子というのは、特に嫉妬の発作の連鎖が起きやすい関係**です。

親子関係には嫉妬の発作を起こす条件が揃っています。なぜなら、親から見れば「自分が育てたのだから自分の方が上」という認識になるからです。だから、ちょっとでも子どもが親よりも優れたことをすれば、「ビビビッ！」と親の脳内で嫉妬の発作が起きて破壊的な人格になってしまいます。

発作を起こしている親がいると、それが子どもの脳に伝染して、「子どもが全然勉強

をしなくなった！」とか「しちゃいけないことをするようになってしまった！」ということが起こります。宿題を目の前にしても破壊的な人格になっているので、「面倒臭い！」となってしまうわけです。

こうした場合、一般的には「家庭内の環境が悪いから、子どもが親に注目してもらうために悪い子を演じる」という解釈をします。でも、親が注目をしたところで子どもが変わらない場合は、親の発作に感電し続けている可能性があります。

「親は子どもの幸せを願うもの」という常識があります。もちろん、どの親に聞いても、「子どもの幸せを願わない親なんていない！」という答えが返ってきます。でも「嫉妬の発作」は動物的な反応なので、意識できる範囲外で起きてしまうのです。

「子どものためを思って」としていることが、実は子どもを破壊する言動になっていて、「どんどん子どもがおかしくなっていく！」という現象が起きてしまうことがあるのです。以前、「子どもをダメにする親」というのが話題になりましたが、それは意図してやっているわけではなくて、動物的な発作で親自身がコントロールすることができないのです。

親子関係には嫉妬の条件が揃っている

子どもの稼ぎに嫉妬してしまう親

ある男性は、「父親よりも給料が高くなった！」ということを両親に報告して喜んでもらおうと考えました。でも、実際に報告したら、ご両親はそっけない態度だったそうです。

これも両親の脳内で嫉妬の発作が起きてしまっているからです。その発作が伝染することで、「給料も高くなったからこれから貯金していくぞ！」と思っていたのに、「あれも必要、これも必要」と買ってしまい、「ちっともお金が貯まらない！」となってしまいます。

さらに発作はおさまらず、それまで給料も高くてすごく良いと思えていた職場なのに、「ちっともお金が貯まらない！」ということから、「この会社は、人をむやみやたらにこき使うブラック企業だ！」と上司に文句を言ってしまいます。そして「こんな会社辞めてやる！」と、本当に辞めてしまいます。

でも転職先の会社は給料が安くて残業は多い、本当のブラック企業。そこで初めて、「なんであんなことを言って辞めちゃったんだろう？」と愕然とします。そうして転職を繰り返して、そのたびにどんどん給料が下がっていくようになってしまいます。

きっかけは、両親の嫉妬の発作が伝染してしまったからでした。**自分の親だから昇給を喜んでくれるはず、と思っていたのが大きな間違い**だったのです。「子どものくせに自分よりも給料が上」ということで、親の脳内では動物的に嫉妬の発作が起きてしまいます。男性はその発作に感電することで破壊的な人格になって、「この職場は間違っている！」と考えてしまいます。本人は正しいことをしているつもりが、どんどん自分が求めている「お金が貯まる環境」を破壊してしまい、「ちっともお金が貯まらない！」となってしまうのです。

両親に出世の邪魔をされる

ある方が仕事で「やっとチャンスが巡ってきた！」というときに、実家で一緒に暮らしている母親が階段から落ちて骨折した、という事件が起きました。せっかく巡ってきたチャンスなのに母親のことが気になって集中できず、見事にチャンスを逃してしまいます。

母親の骨折が治ってしばらくすると、また仕事がだんだん楽しくなってきました。貯金も着々と増えていき、「このままいけば実家を出て一人暮らしをできるかもしれない」と思った矢先、今度は父親が病気になってしまいます。仕事をしていても父親の体調が気になってしまって、自分の業績などどうでもよく思えてきます。そして「え〜い！」と会社を辞めてしまいました。

そこからしばらく働けずに貯金を使い果たしてしまって、慌ててコンビニでアルバイトをすることになりました。「前はあんなに給料が良かったのに」とものすごく惨めな気持ちになりました。「このままお金持ちにはなれないのかも」と絶望的な気分になってしまうのです。

この方も両親の嫉妬の発作に感電してしまっていました。本人は嫉妬の発作というところまで理解できていなくても、「両親に邪魔をされている」ということは何となく感じていたようです。それとなく両親を責めてしまいますが、「両親のけがや病気を言い訳にしているだけなのかも？」と思って、両親に文句を言うことにも罪悪感を感じてしまいます。誰かに相談しようとしても、「人のせいにばかりしているから落ちぶれていくんだよ！」と言われることはわかりきっています。誰にも話せず、ただ悶々《もんもん》としてしまっていました。

　この場合、「子どもが仕事で成功してお金持ちになりそう」という場面で、両親の脳内で嫉妬の発作が起きてしまっていました。信じられないかもしれませんが、**母親の骨折も父親の病気も、嫉妬の発作によって引き起こされた**ことなのです。

　もちろん両親に、わざと骨折したり病気になったりしようという意識はまったくありません。専門的には「周囲の関心や同情を引くために病気を装ったり、自分の身体を傷つけたりする行動をする病気」というのがあって、「ミュンヒハウゼン症候群」という診断名になります。意識的に子どもを陥れるためにやっているのではなくて、嫉妬の発作で自動的にそうした行動をしてしまうのです。

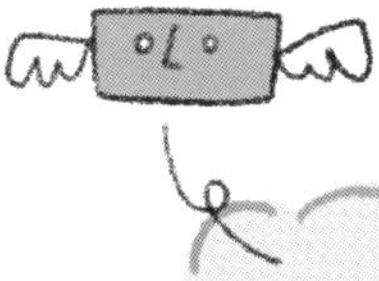

「お金が貯まらない」の根本に見える親子関係

何も頑張りたくなくなる「学習性無力」

親は嫉妬の発作を起こしているとき、子どもに対してひどいことを言ったりやったりしているのに、「子どものためを思ってやっている」と思い込んでいます。子どものほうは「自分がダメな子だから愛されない」と思ってしまって、「親に愛される優れた人間にならなければ」と努力します。

でも、そうして**子どもが優秀になればなるほど、親の脳内では嫉妬の発作の嵐が起きてしまう**ので、子どもはさらに感電させられてしまいます。それを何度も繰り返しているうちに、「何も頑張りたくない」という無力状態になってしまいます。

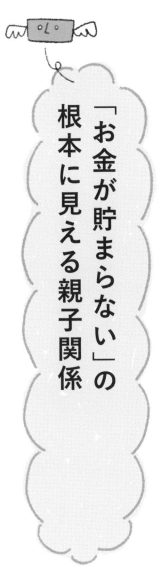

これを「学習性無力」と呼びます。有名なのは犬の実験です。檻の中に犬を入れておきます。犬が檻から出ようとすると「ビビビッ！」と電流が流れて感電してしまいます。さらに、犬が何もしなくても檻の下から電流が流れるようになっています。つまり、犬は何をどうしても感電から逃れることはできません。

これを繰り返されることで、犬は無抵抗な状態になってしまいます。檻が外されても「ここから出られない！」と動けなくなってしまうのです。

これが学習性無力です。**抵抗も回避もできないストレスに長期間さらされると、不快な状況から逃れようとすらしなくなってしまう**のです。

親が子どもを檻の中に閉じ込めてしまう

親子の話に戻すと、表面上は「あなたのためを思って」という両親の愛があっても、子どもが「いい子になる！」と両親の枠から出ようとしたときに「ビビビッ！」と感電させられてしまいます。それを繰り返しているうちに学習性無力になってしまって、子どもは怖くて枠から出られなくなってしまいます。

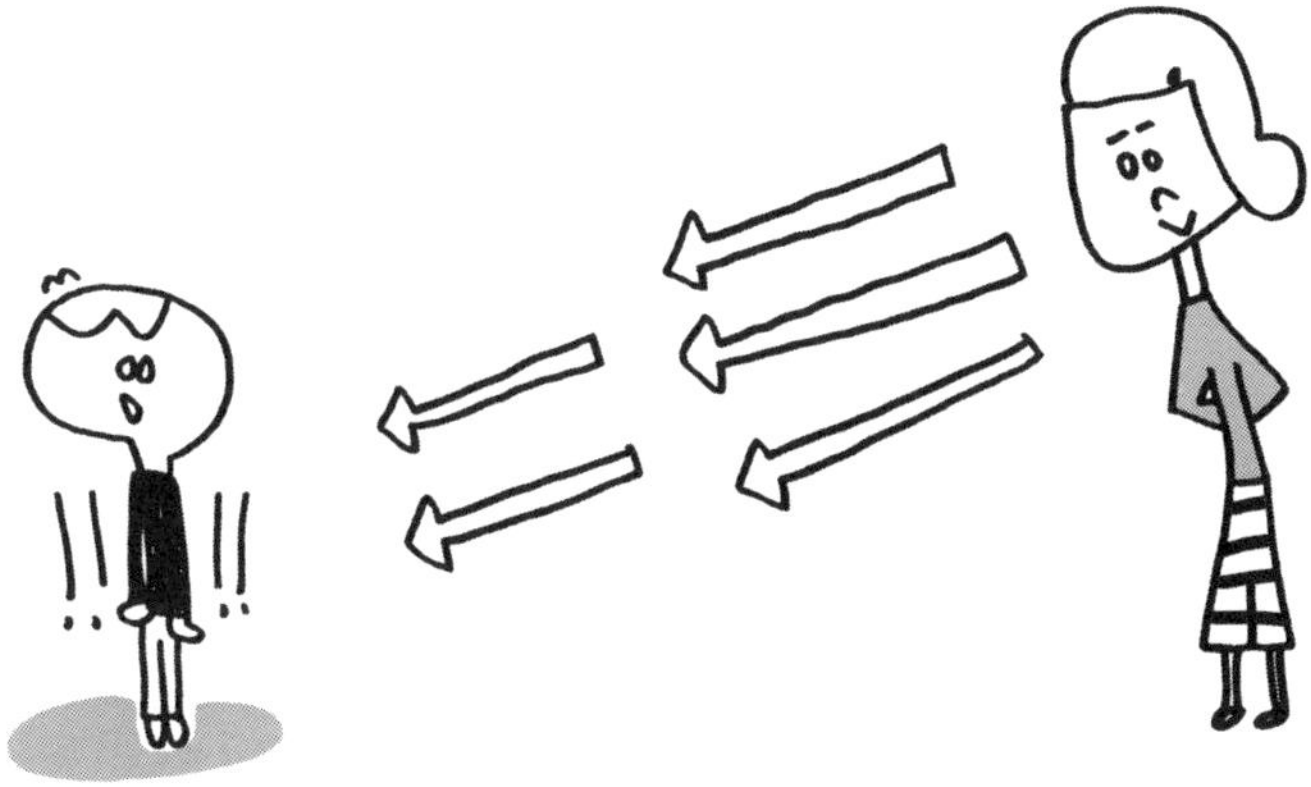

親は知らないうちに子どもを抑えてつけているかも

そうして**「お金持ちにはなれない」という思い込みが定着してしまう**のです。実際にお金持ちになるチャンスが巡ってきても、「怖い」と固まってチャンスを逃すようになってしまいます。

さらに親は表面的には笑顔ですが、脳内では嫉妬の発作を起こして子どもにダメージを与えているので、子どもは混乱してしまいます。この混乱状態によって、より強く「動きたくても動けない！」となってしまいます。表面上優しい親であればあるほど、子どもは「混乱して自分の思った方向に進めない」となって、求めているものが得られなくなってしまうのです。

普通に考えると親が子どもに嫉妬するなんて思えないので、**発作が起きていること に気が付くことがとても難しい**のです。でも、親子の関係は嫉妬の発作の条件が揃っている上に、その影響も大きくなります。

親の嫉妬というものは本当に厄介です。「なぜかお金が貯まらない！」と悩む人の多くは、ここに原因を抱えているのかもしれません。

「嫉妬センサー」で他人の発作を見極める

〝罪悪感〟や〝後ろめたさ〟を感じたら注意

よく、「人が嫉妬の発作を起こしているかどうかを見破ることができるの？」という質問をされます。

まず、発作を起こすと突然イライラしたりします。これは比較的わかりやすいです。ほかに見た目からわかるのは、「表情が固まった能面のような顔」です。嫉妬の発作で「ビビビッ！」と表情筋をコントロールする脳の部位が刺激され、表情筋がうまく動かなくなります。その表情を他人が見ると、「ふてくされた態度」にも見えます。また、人によっては発作を起こすと「涙目」になることもあります。

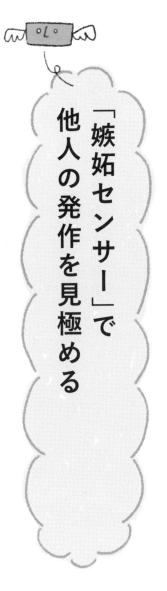

このように、外見からでも嫉妬の発作を起こしていることはわかるのですが、**他人が自分に嫉妬をしている場合、いちばんわかりやすいのは、実は〝自分の感覚〟**です。

自分に対して嫉妬の発作を起こしている人がいたら、その人と話をした後に、「悪いことを言っちゃったかな？」とか「申し訳ないことをしちゃったかも」と〝罪悪感〟や〝後ろめたさ〟に苛まれます。その感情こそが「嫉妬センサー」になります。

もちろん、嫉妬の発作を起こしている相手の表情を見てそうした感情になるということもあるかもしれませんが、それだけではありません。相手の嫉妬に感電することで、罪悪感や後ろめたさを感じてしまうのです。

そのことを知っていると、楽しく会話をしたはずなのに「あれ？　あのとき悪いことを言っちゃったかな？」と感じることがあれば、「あ！　あの人は嫉妬の発作を起こしていたんだ！」とわかります。自分の感覚は便利なセンサーなのです。

意外な感覚もセンサーになる

ほかにも、意外な感覚が「嫉妬センサー」になってくれます。

一つは、誰かと話をしていて、「私が話を盛り上げなければ！」と感じることです。この感覚にも「何も言わないでいることへの罪悪感」が関係しているので、「あ！　相手から嫉妬されているんだな！」とわかります。会話が止まってしまって**「私のせいで話が続かない」と感じるときは、相手が強烈な嫉妬の発作を起こしている**可能性があるのです。

もっと意外なのが、「ここで私は話しちゃいけないんだ」という感覚です。あるいは「この人に話しかけちゃいけなかったのかな？」というのも同じです。**自分が場違いな所にいて、間違ったことをしているような感覚になったときは、複数の人から嫉妬の発作を受けてしまっている**可能性があります。

嫉妬は「自分より立場の低い人間が、自分より優れたものを持っている」ときに起きます。相手は「俺が上！」という感覚を強く持っていて、「私」に優れた部分を感じることで自動的に発作が起きてしまう。それに感電して「身分が違う」という感覚になってしまうのです。

偉そうな態度を取っている人、一見お高くとまって見える人は、嫉妬の発作でそのような態度になってしまっているだけです。そんな人の脳の中では嫉妬の電流が帯電

「嫉妬センサー」は自分の感覚

しているから、近づいたら感電してしまって「話しかけちゃいけなかったんだ！」と罪悪感に苛まれてしまうのです。

人間は本来「みんな同じ」です。だから「あの人は自分よりも上だから話しかけちゃいけなかった」と考えるのはおかしいわけです。そこに違和感を感じるのであれば、嫉妬の発作が起きていると考えるようにしましょう。

嫉妬されるのは自分が優秀だから

〝罪悪感〟や〝後ろめたさ〟の嫉妬センサーに引っかかる相手は、「嫉妬の発作を起こしやすい人」です。こちらが「この人優秀！」と思うような相手でも、嫉妬センサーが反応したら「私に対して嫉妬している」ということです。

このことの裏を返せば、**「私ってこんな優秀な人が嫉妬するほどすごいんだ！」**ということの証拠になります。罪悪感や後ろめたさを感じるたびに、「私はこの人から嫉妬されるようなすごいものを持っている」ということになりますから、それを正しく受け取れば自己肯定感がどんどん上がっていきます。

嫉妬センサーを上手に使えるようになると、自己肯定感が低い状態である学習性無力の「動きたくても動けない！」からも解放されます。さらに嫉妬の発作に怯えなくなるから、「お金持ちになってもいいんだ！」と自分の世界観が変わっていきます。その結果、「どんどんお金が貯まっていく！」という不思議な循環をつくり出すことができるのです。

次章からは、自分に起きてしまう嫉妬の発作や、嫉妬の発作の伝染に対処する方法をお話ししていきます。さらに、人の発作を自分のエネルギーに変えてしまう方法もあります。脳の発作は動物的なものなので、嫉妬の発作が起こること自体は防げません。ただし、だからといって対処できないわけではないのです。それらは誰でも簡単に実践できるテクニックですので、ぜひ実践してみてください。

第4章

〝嫉妬の発作〟に邪魔されない方法

「自分の嫉妬の発作」に対処する方法①
嫉妬していることを認める

部下への嫉妬で無駄遣い

子どもの頃に高熱でうなされて、「自分の手がものすごく大きくなっている！」と、まるで手がグローブよりも大きくなった感覚になったことがありました。もちろん実際に大きくなっているわけではありません。

嫉妬の発作を起こしているときも同じように、普段だったら大したことないと思えることでも「ものすごく大変なこと！」に見えてしまい、そのことに対して怒ったり、パニックになってしまったりします。そして発作がおさまると、「あれ？　なんであんな無駄なことに浪費しちゃったんだろう？」と後悔します。あるいは**発作に気付くこ**

と自体できず、後悔することもなく、「ちっともお金が貯まらない！」という現実だけがずっと続いていくということもあります。

私も昔、会社勤めをしていたとき、部下が先輩から可愛がられていて「あいつ本当に生意気！」と嫉妬の発作を起こしていても、そのことに気付けないでいました。嫉妬の発作で破壊的な人格に変身して、週末に「まあいいか！」と電気屋でコンピューターの部品を買ってしまいます。そして、せっかく買ったのにうまく使いこなすことができずに、押入れの中に積まれていきます。

それでも「ストレス解消に必要だから！」と自分に言い訳をして、給料日前になったら「食事代がない！」と、5日間も水道の水だけで過ごすという生活を送ったこともありました。他人から見たら「計画性がない」とか「経済観念に欠けている」と批判されてしまうような生活です。でも、そのときの私は、自分はケチでせこい人間で、財布のひもは固いほうだと思っていたのです。

「あの人に嫉妬しているんだ！」で発作がおさまる

あるとき、またその部下を見ていてイライラすることがありました。そこで少し不思議に思ったのです。その部下は成績が悪いわけでもなく、むしろ良いほうでした。反抗的な態度を取るわけでもなく、上司である私の立場からすれば嫌うような部下ではありませんでした。

そこで私は、「あ、これは嫉妬しているんだな」と気付きました。自分より下の存在であるはずの部下が先輩から可愛がられている。嫉妬の条件が揃っていたわけです。そう気が付いてからしばらくすると、興味深いことが起こりました。

「あれ？　無駄遣いがなくなった！」となり、徐々にお金が貯まるようになったのです。毎週末の電気屋通いをする気がなくなって、「なんであんな無駄遣いをしていたんだ？」と自分が怖くなりました。つまり、**自分が嫉妬していることを認めたら、発作がおさまった**のです。

嫉妬の発作に対処するいちばん簡単な方法は、**「お金がない！」と思ったら、まずは「あ！　嫉妬の発作を起こしているかも？」と疑ってみる**ことです。次に「あの人のことを思い出すと不快！」という人を思い浮かべてみます。そして**「あの人に嫉妬しているんだ！」と自分で認めてしまう**のです。

このときに、「あの人が悪いのになんで私が嫉妬なんかしなきゃいけないの？」と認めたくない気持ちが湧いてくるかもしれません。でもその**「嫉妬しているなんて認めたくない！」という思考こそ、嫉妬の発作が起きている証拠**だったりします。

それを専門的には〝否認〟と呼びます。否認こそが発作が起きている証拠です。口に出さなくても考えるだけでいいので、「あの人に嫉妬しているんだ！」と言葉にしてしまうと、「あれ？　なんであんなことしてたんだろう？」と現実の世界がちゃんと見えてくるようになるのです。

「自分の嫉妬の発作」に対処する方法②
自分のほうが優れていることを認める

謙虚でいるつもりが人を見下していた

私は以前「実るほど頭《こうべ》を垂《た》れる稲穂かな」ということわざを信じていて、「謙虚になればなるほどお金持ちになれる！」と思っていました。でも、実はそのことで余計に嫉妬の発作が起きてしまって「ちっともお金が貯まらない！」となっていたのです。

普段から私は、「すみません」とか「申し訳ないのですが……」と謙虚に振る舞うように気を付けていたのですが、そうすればするほど、心のどこかで**「私はこれだけ謙虚に振る舞っているすごい人」と、周りの人を見下してしまっていました。**そして相

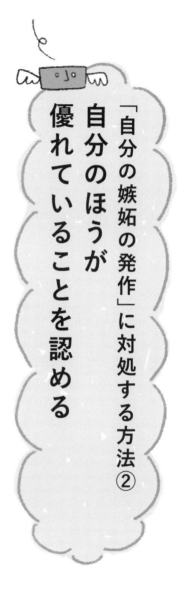

手がちょっとでも偉そうな態度を取ると、「ビビビッ！」と嫉妬の発作が起きて、「なんだあいつは！」と批判的なことを考えてしまいます。

でも、謙虚さを演じているからストレートに批判することはできません。するとどんどん脳内にストレスが溜まってしまいます。そして無駄遣いをしてしまったり、お金の計算がうまくできなくなったりして、「ちっともお金が貯まらない！」となってしまっていたのです。

さらに「これだけ謙虚にしているのにちっともお金が貯まらない！」となれば、「あの人たちはいい思いをしてずるい！」と見るものすべてに嫉妬の発作を起こしてしまいます。そうして「お金が貯まらない悪循環」が出来上がってしまうのです。

この場合、嫉妬の発作を起こさないようにするための方法は、「謙虚にならなければいい」となります。お金を貯めるには「嫉妬の発作」から自由になる必要がありますから、**嫉妬の元になっている謙虚さを捨てて、「相手より自分のほうが遥《はる》かに優れている」と考えてみる**のです。

「自分のほうが優れている！」で自分を取り戻す

相手に対して**「ずるい！」という嫉妬心が湧きそうになったら、頭の中で「自分のほうが優れている！」と唱えてみます。**するとと、「あれ？　相手のことがどうでもよくなってきた！」と嫉妬の発作がおさまります。嫉妬から解放されると、脳内にストレスが溜まらなくなり「どんどんお金が貯まっていく！」という循環が生まれます。

ある女性は「お金がない！」でいつも不安になっていました。その上、職場での人間関係で嫉妬の発作を起こしてしまって、「仕事が続けられない」となっていました。本人は「お金がないんだから人のことなんか考えないで働き続けたらいい」とわかっているのですが、いざ、職場で嫌な同僚がいると我慢できなくなって、ついに転職してしまいました。

そのとき女性は、「嫉妬の発作で自分の言動をコントロールできなくなる」ということを知ります。そして、「相手より自分のほうが遙かに優れていると思えば嫉妬がおさまる」と言われて驚きます。「そんなこと思っていたらみんなから嫌われちゃうじゃないですか」と半信半疑だったのですが、「謙虚に振る舞っても嫌われるんだから、やってみて損はないか」と思い直して、新しい職場で「自分のほうが優れている！」と唱えるようにしてみました。

ある日、顔が可愛いいだけで仕事ができない同僚に上司が優先して仕事を頼んでいるのを見て、「イラッ！」としそうになりましたが、嫉妬の発作のことを思い出して、「あ！　これが嫉妬の発作なんだ！」と気付きました。いつもだったらワナワナとしてしまって仕事に集中できなくなるのですが、そこで改めて「自分のほうが優れている！」と唱えてみると気持ちを乱されずに済みました。いい加減な上司に対しても、「自分のほうが優れている！」と唱えたら、上司のほうから気を使ってくるようになったから面白くなります。

同時に「いままであれだけ謙虚に振る舞っていて、みんなから馬鹿にされていたのはなんだったんだ！」と苛立ちを感じそうになります。そんなときも「自分のほうが優れている！」と唱えてみると、「どうでもいいか！」と思えます。

その後、女性はチームの責任者に抜擢《ばってき》されます。そして、嫉妬のストレスで無駄遣いをすることもなくなって、「気が付いたらお金が貯まってきた！」と、貯金通帳を見

「イラッ！」としそうになったら「自分のほうが優れている！」

て久しぶりににんまりします。さらに「もっとお金を貯めたい！」と、女性はいろいろな場面で「自分のほうが優れている！」と唱えて、本来の姿を取り戻していったのです。

「自分の嫉妬の発作」に対処する方法③ みんな孤独であることを認める

“孤独”も脳のネットワークで伝染する

私は「嫉妬したって何の得にもならない」とわかっていても、自分以外の友達同士が仲良さそうに話をしているのを見ただけで、「ビビビッ！」と嫉妬の発作を起こしてしまうことがありました。ふてくされた態度になってしまい、場の空気を悪くしているのはなんとなくわかっても、「自分では止められない！」となってしまいます。

嫉妬の発作を起こしてしまうと、「自分だけ仲間外れにされている」とか「人に気を遣えないダメな人たち」といった不快な考えが湧いてきてしまって、不安や怒りが止まらなくなります。それが「お金がない！」という不安に飛び火して、「どうしたらいいんだろう？」と焦ってしまいます。焦ってどうなる問題でもないのに、お金のことを考えるのを止められなくなるのです。

お金で不安になるのであれば節約をすればいいのですが、まるでダイエットのリバウンドみたいに「ドーン！」とお金を使ってしまい、「ちっともお金が貯まらない！」となります。そして、「あいつらは楽しそうにやりやがって！」というきっかけで嫉妬の発作を繰り返し起こしてしまっていたのです。

嫉妬の発作が起きるとき、そして、その発作がいつまで経ってもおさまらないときには、**何が嫉妬の原因になっているのかがとても重要**になります。

「相手が自分以外の友達と仲良くしていたから」ということをきっかけに発作を起こした場合、「友達は私のことを裏切った」という思考になります。そして、その裏切った友達の意図を「私のことをないがしろにしているから」とか「私を馬鹿にしているから」などと考えてしまいます。それで「あいつはいい気になっている！」「偉そうにしている！」「馬鹿にした態度を取ってくる」と考えることをきっかけに、さらに嫉妬の発作を起こしてしまいます。

でも私の場合、実際に相手の話をよく聞いてみると、自分が考えていたのとは違うことがわかりました。相手のほうも「相手にされなくて淋しかった」とか「自分が馬鹿にされているように感じた」というように考えていたのです。私は**自分だけが〝孤独〟を感じていた**と思っていたのですが、相手も同じように〝孤独〟を感じていた**ということです。

第2章で嫉妬の裏側には〝孤独〟があるとお話ししましたが、嫉妬の本質が孤独であると理解したのは、このときの経験からです。相手の孤独が脳のネットワークを通じて私に伝染し、そのことによって私は嫉妬の発作を起こしてしまっていたのです。それがわかったら、私の中で何かが腑に落ちて、嫉妬の発作がおさまりました。

「相手も孤独なんだな!」でクールダウン

誰かに対して**「裏切られた」「ないがしろにされた」と嫌な気持ちになったら、「相手も孤独なんだな!」**と考えます。すると、「ヒューーン」とクールダウンして、客観的に見られるようになるのです。

ある女性は、朝会社に行こうとしたら、母親から「仕事から帰ってきたら干してある洗濯物を取り込むのよ！」と言われて「ビビビッ！」と嫉妬の発作を起こしてしまいます。

母親は専業主婦でした。「お母さんは家にいるんだから取り込んでくれたっていいじゃない！」と怒鳴りつけてしまい、母親も「いい年なんだから自分のことは自分でしなさい！」と返してきます。そして女性は「お母さんは働いたことがないんだから、働くことがどんなに大変かわかってない！」と叫んでドアを思いっきり「バン！」と閉めて出て行ってしまいます。

「お母さんは私のことをわかってくれない」「頑張って仕事をしているのに労《いた》わってくれない」と裏切られた気持ちで頭がグルグルしてしまい、職場でも仕事に集中できなくなります。「あんな人と一緒に暮らしたくない！」と思って職場のパソコンでアパートの物件を探します。すると新作のバッグの広告が出てきます。「ムカつくからこれ買っちゃお！」と「ポチッ！」と購入ボタンを押して、「あ〜！　スッキリした！」となります。

でも、帰宅途中で「クレジットカードの支払いどうしよう」と不安になって、再びイライラしてきてしまいます。そして家のベランダを見たら洗濯物が取り込まれていなくて、「お母さんムカつく！」と、イライラの悪循環が止まりません。でも、「貯金がないから家から出られない」とどうすることもできなくなってしまいました。

そんなとき、女性は「嫉妬の発作でお金が貯まらなくなる」ということを知ります。「確かに！」と新作のバッグのことが頭に浮かびます。「え？　私って母親に嫉妬しているの？」と考えてみると、「私は一生懸命に仕事をしているのに、お母さんは家で楽をしてずるいって思っているかも」と気付いたのです。そして「相手も孤独なんだな！」と思えば嫉妬の発作がおさまるということも知るのですが、「へ～？　本当かな？」とその日は寝てしまいます。

翌朝、母親が「ちゃんとクレジットカードの支払いしておきなさいよね！」と、また不快なことを言ってきます。「どうして朝からそんなことをいちいち言うの！」とイライラしそうになったとき、「あ！　これが嫉妬の発作なのかも？」と思い出しました。早速「お母さんも孤独なんだな！」と頭の中で唱えてみます。

すると怒りがおさまって、気が付くと「今月はちょっとピンチなのよね～」と笑顔で母親に言っていました。すると母親は、「もう！　しょうがないわね！」とお財布を

裏切られたと感じたら「相手も孤独なんだな！」

出してきて、「いくら必要なの！」と聞いてきます。「え？　出してくれるの？」と心の中でびっくりしながら「〇万円！」と伝えると、母親は「今回だけだからね！」と言いながらも、ちょっと笑顔でお金を渡してくれたのです。

「お母さんは頼ってほしかっただけだったんだ！」とわかると、通勤電車の中でもいつもの不快感がありません。会社でも仕事に集中できて、さっさと帰ることができました。「嫉妬の発作がないとこんなに楽なんだ！」とびっくりします。気が付けば、豊かな気持ちできれいな夕焼けを眺めながら電車に揺られている自分がいたのです。

「他人の嫉妬の発作」に対処する方法①
相手の嫉妬を止めようとしない

止めようとすればするほど逆効果

他人から嫉妬の発作が伝染してしまうと、〝惨め〟で〝絶望的〟な気持ちになってしまいます。「自分には価値がない」と感じて破壊的な行動が止まらなくなり、「ちっともお金が貯まらない！」という悪循環になってしまうのです。

私は子どもの頃から、なんとなく相手が自分に対して嫉妬の発作を起こしていると気が付くことがありました。でも、その性質についてまったく知識がなかったので、「誤解だよ！　僕は君に嫉妬されるようなことはないよ！」と一生懸命に誤解を解こうとしていました。いま考えれば、「相手の嫉妬を止めよう！」と必死だったわけです。

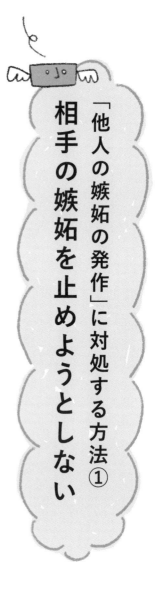

でも実は、「誤解だよ！」と**嫉妬の発作を止めようとすればするほど、相手の嫉妬の発作は強くなります**。嫉妬の発作は、「自分より立場の低い人間が、自分より優れたものを持っている」という条件で起きるからです。相手の嫉妬を止めようと惨めな自分をさらけ出すことで、相手には「こいつは自分よりも下」と思わせてしまいます。相手の嫉妬を止めようとする行為自体が相手の嫉妬の発作を誘発してしまうのです。

嫉妬の発作によって破壊的な人格に変身してしまっている相手は、私が誤解を解こうとすると、「言い訳をするヤツは最低！」とさらに攻撃してきます。私が「本当の自分をわかってくれたら嫉妬なんかされないはず！」と思って事情を説明すればするほど、「やっぱりお前って何もわかっていない！」と言われて嫌われてしまいます。

すると「僕は相手の気持ちを読めない人なの？」と、どんどん自己肯定感が下がってしまいます。そうして「自分は誰からも相手にされない」という無価値な自己イメージが定着してしまいました。そんな自己イメージだからお金持ちになれるわけがありません。

恐らく無意識では「嫉妬されるとみんなから嫌われる」ということを恐れて、自らお金を失って嫉妬されない状況をつくる、ということも同時にしていたのだと思います。これも「嫉妬を止めるために相手よりも下の立場をつくる」ことになりますから、努力すればするほど周りの人から嫉妬されてしまいます。私は「こんなに貧乏で惨めな僕のどこに嫉妬するの？」と不思議に思うのですが、周囲の嫉妬の発作による攻撃はどんどんひどくなり、私はますます惨めになってしまっていたのです。

「嫉妬を止めようとしない！」で相手の態度が変わる

普通に生活している中で、「相手よりも上」とか「相手よりも下」といったことを意識することはあまりないと思いますが、**「なぜかお金が貯まらない！」という人は「相手よりも下」という状況をつくり出して、相手の嫉妬の発作を避けようとする習慣が知らないうちについてしまっている**可能性があります。

嫉妬を止めようとするから、余計に嫉妬される。であれば嫉妬を止めようとしなければいいわけです。**「嫉妬を止めようとしない！」と心の中で唱えることで、自然と嫉妬の発作を起こされなくなっていきます。**

「嫉妬を止めようとしない！」で相手の嫉妬を避ける

ある男性は、会社で「みんなと仲良くしたい」といつも周囲に対して謙虚に接していましたが、みんなからは冷たい反応ばかりをされていました。仕事をしていて、ほかの人が同じことをやっていても注意されないのに、男性は周りの人からきつく注意されてしまい、惨めな気分になってしまいます。

そんなことから「どこで自分の人生を間違えたかな？」と悩んでしまい、家に帰るとストレスで何も考えたくなくなって、趣味のコレクションに没頭してしまいます。そして趣味にお金をつぎ込んで、いつも「お金がない！」で不安になっていました。

不安になればなるほど、職場の人たちから邪険にされ続ける状況が嫌になります。もっと自分のことをわかってもらって、みんなと同じように扱ってもらおうと一生懸命に努力するのですが、どんどん職場での不快感は増していきます。

そんなときに、「嫉妬を止めようとしない！」という方法を知ります。最初は「嫉妬されるものなんて何もないのに」と、自分には関係ないものだと思いました。「でも、待てよ？」と振り返ります。すると自分はみんなに嫉妬されないように、「みんなよりも仕事ができません。みんなと同じように大変な思いをしているんですよ！」とアピールしているかも、ということに気が付きました。そうして会社の人間関係で不安になったり、不快な気持ちを感じたりしたら、とりあえず頭の中で、「嫉妬を止めようとしない！」と唱えてみることにしました。

会社に行けば、いつものようにつまらないことで注意されます。いつもだったら言い訳じみたことを言ってしまっていましたが、それは相手の嫉妬を止めようとしていたからです。そこで「嫉妬を止めようとしない！」と唱えて、素直に「はい、すみませんでした」と言うと、相手は「あれ？」という感じで、いつもと違う反応でした。

それを何度も繰り返しているうちに、相手の態度が変わってきます。それまで仕事を頼まれることなんてなかったのに、みんなが低姿勢で仕事を頼んでくるようになって、男性はちょっとうれしくなります。

その後も不快になるたびに、「嫉妬を止めようとしない！」と唱えていたら、「なんであんなに謙虚な態度になり過ぎていたんだろう？」と思えるようになりました。すると、趣味で集めていたものをだんだんと邪魔に思うようになりました。ネットオークションで売ってお金が貯まってくると、気持ちに余裕が出来てきました。

「嫉妬を止めようとしない！」を意識しなくても自然とできるようになってきた頃、職場で「管理職になってみないか？」と言われました。そのとき男性は、「もっと可能性がある仕事を」と転職活動を進めていたので、笑ってしまいました。転職活動をしていることはばれていないはずなのに、「そんなことも伝わるのかな？」とおかしくなったのでした。

「他人の嫉妬の発作」に対処する方法②
必要以上に謙虚にならない

「謙虚である演技」が相手に伝わる

周りから嫉妬をされないようにしようとすると、必要以上に謙虚に振る舞ってしまって、「相手よりも下」という態度になってしまいます。本来の自分のままでいたら相手から嫉妬されて攻撃されてしまうと思うから、下手に出れば嫉妬されないはずだと考えてしまうわけです。これを防ぐための方法としても、先ほどお話しした、「嫉妬を止めようとしない！」は有効です。

ただ、必要以上に謙虚に振る舞うということには、「相手よりも下」という状況をつくり出すだけでなく、別の悪影響があります。それは**「相手より優れたものを持って**

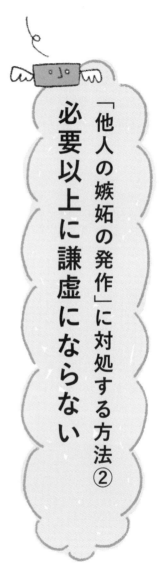

いる」という状況もつくり上げてしまうということです。

嫉妬を避けるために謙虚に振る舞うということは、謙虚であるという〝演技〟をしているということでもあります。そうすると、「本当は相手よりも優れているけど、嫉妬されたくないから謙虚さを演じている」ということが自動的に相手に伝わってしまいます。嫉妬の発作が起きる「自分より立場の低い人間が、自分より優れたものを持っている」という条件が完全に成立してしまうのです。

「謙虚にならない！」で自由に動けるようになる

この場合も、先ほどの「嫉妬を止めようとしない！」と基本的な考え方は同じです。**謙虚になるから嫉妬されるのですから、必要以上に謙虚にならなければいい**わけです。

ある女性は、子どもを塾に送っていったとき、ママ友に「うちの子はみんなより出来が悪くて」と言ってしまっていました。ママ友たちは「そんなことはないわよ！　○○ちゃんは優しいし、穏やかだし」と慰めてくれるのですが、なぜかちっとももうれしくなくて、逆に「なんだかイライラする！」となってしまいました。

そして、家に帰って宿題のできない子どもに、「なんであんたはちゃんとできないの！」と強い口調で怒ってしまい、「はっ！」となりました。

この女性は子ども時代に母親から厳しく育てられました。自分がされて嫌なことを子どもには絶対にしない、と思っていたのに、いつの間にか同じことをやってしまっている自分がいたのです。

「自分がこの子の勉強に関わったらダメにしてしまう！」と思って、別の塾にも通わせます。経済的に苦しくなるのですが、「子どものために」と一生懸命に塾の送り迎えをします。すると、ママ友たちは「いいわね〜、ほかの塾にも通わせることできて」と嫌味のようなことを言ってきます。女性は嫉妬されないように、「うちの子はみんなよりもできないから授業についていくために入れるしかなかったのよ！」と説明します。すると、「旦那さんは理解があっていいわよね！」とちょっとムカつくことを言われてしまいました。

家に帰ってから「なんであんなことを言われなきゃいけないんだ！　うちの旦那の正体も知らないで！」と怒りが湧いてきて止まらなくなってしまいました。だらだら

嫌味を言われたら「謙虚にならない！」

と食事をしている子どもに腹が立って、また怒鳴りつけたくなってしまいます。

そんな女性が、「謙虚にならない！」で嫉妬されなくなるという方法を知ります。最初は「本当かな？　余計嫉妬がひどくなるんじゃないの？」と不安になっていました。

でも、翌日実際にやってみたらびっくりです。ママ友から「いいわね！　あんたの旦那さんは！」といつものように嫌味を言われて、「そんなことはないわよ！」と返したくなったのですが、「謙虚にならない！」を思い出して、「そうだね！」と答えてみました。

すると相手は会話が続かなくなって

話題に困ったのか、ベラベラと自分の旦那の悪口を言い出します。それを聞いていると、相手は悪口を言っているはずなのに「のろけかよ！」とイラッとします。そこで「あ！　私ってこの人みたいに嫉妬されていたんだ！」ということがわかって「あぶない！　あぶない！」となりました。

子どもと一緒に塾から帰ってきて、いつもだったら食事を作る気力もないほど疲れてしまっていたのですが、「あれ？　全然疲れていないぞ！」となるから不思議です。普段やりたくてもできなかった場所の片付けまで簡単にできてしまいました。「嫉妬であれだけ疲れていたんだ！」と思って少し悔しくなったほどです。

そうして「謙虚にならない！」を続けることでどんどん自由に動けるようになっていきました。次第に「働きたい！」と感じるようになって仕事を探し始めるのですが、そこでも「謙虚にならない！」と唱えると簡単に仕事が見つかりました。「仕事をしても前よりも楽かも！」と、嫉妬から解放されてどんどん豊かになっていったのです。

「他人の嫉妬の発作」に対処する方法③
嫉妬の発作をまたいで通り過ぎる

子どもへの嫉妬で奥さんを攻撃

ある女性が子どもの勉強を見ていたら、旦那さんから「子どもに手をかけ過ぎだ！」と言われてしまいました。女性は「あなたは仕事が忙しいからってちっとも子どもの面倒を見ないくせに、何を言っているの！」と怒ります。すると旦那さんは、「お前が子どもの自立心を奪っているから手がかかるんだ！」とさらにムカつくことを言ってきます。女性が「学校や塾の宿題がどれだけ大変かわかっているの？」と返すと、「俺は親からそんな面倒見てもらったことない！　お前の関わり方が悪いんだ！」とさらに言われて、涙が止まらなくなってしまいました。
女性はこれまで、学校の先生から子どものいろいろな問題を聞かされていました。「親がちゃんと対応してください」と言われて、一生懸命にやっていることを旦那さんにも伝えていたはずなのに、「まったく理解されていない！」と傷ついてしまいます。「こんな人とはもう一緒にやっていけない！」と絶望的な気分になって、子どもも夫も捨てて家から出て行きたい気分になってしまいました。せっかく旦那さんの稼ぎがよくなってきて、「これから楽をしよう」と思っていたのに「そんなお金なんてどうでもいい！」とすべてを捨てたくなってしまったのです。

これを一般的に見たら、「ただの夫婦喧嘩でしょ！」となります。でも「嫉妬の発作」という観点から見ると、旦那さんが発作を起こしていることがわかります。なぜなら、**「自分よりも幼い息子が妻に大切にされている！」という単純な嫉妬**が見えるからです。

成長の過程として、男の子は10歳前後で父親から母親を奪いたくなります。でも奪ったら父親から大変な仕打ちをされてしまう。そうした葛藤《かっとう》は「エディプスコンプレックス」と呼ばれています。父親が子どもに妻の愛情を奪われるという嫉妬の発作は、昔から知られているということです。

一般的に、「父親は子どものことを大切に思っているはず」と思われていて、それはもちろん間違いないのですが、人間の父親である前に動物だから、嫉妬の発作は自動的に起きてしまいます。ただ、だからといって子どもに対して直接破壊的な言動をすることはできないので、攻撃は妻に向かいます。それを**妻が真に受けて伝染してしまうと、お互いの発作が相乗的にひどくなってしまう**性質があります。

「発作またぎ!」で攻撃をかわす

私も子どもの頃に「ビエ〜ン!」としょっちゅう発作を起こしていました。親に「大丈夫?」と優しい言葉をかけられても、余計に大泣きしてしまいます。かといって、「なんでそんなことで泣くの!」と怒鳴りつけられても、さらに惨めな気持ちが倍増して、泣くことを止められなくなっていました。

すると、地面に転がって泣いている私を見ても、家族のみんなは相手にしなくなります。そこで面白いことが起こります。みんなが私の頭をまたいで通り過ぎたときに、「あれ？」と泣き止んでしまったのです。

嫉妬の発作を止めるためには、真に受けずに「またいで通り過ぎること（発作またぎ）」が必要です。嫉妬の発作を起こした相手がいて、「面倒臭いな」と思ったら頭の中で**「発作またぎ！」と唱えて相手にしないでいると、簡単に相手の嫉妬の発作がおさまって、攻撃的な言動もなくなります**。

先ほどの女性は、旦那さんが再び空気の読めない発言をしてきたときに、「発作またぎ！」と頭の中で唱えてスルーするようにしました。旦那さんは、いつもだったら突っかかってくるはずの奥さんが何も言わないので、「あれ？　口ごたえしてこない？」と呆気にとられてしまいます。

すると旦那さんは子どもに嫉妬の発作を直接向けて、「なんでちゃんと勉強を自分でしないんだ！」と言い出します。女性は以前だったら子どもをかばっていたのですが、「発作またぎ！」と頭の中で唱えてみると、その光景を冷たい目で見ることができました。その視線を受けて旦那さんは「なんだよ！」と発作状態で突っかかってきますが、そこでも「発作またぎ！」で「別に」とその場から去ってしまいます。しばらくして部屋に戻ると、旦那さんはいつの間にか子どもと楽しそうに遊んでいるではないですか。

女性は「本当に旦那は子どもに対して発作を起こしていたんだ！」と笑えてきました。嫉妬の発作を理解することで、旦那さんを「面倒臭い」と思わなくなり、「(財布として）ちゃんと利用してやらないとな」と、温かい目で見られるように変わっていったのです。

相手の嫉妬をエネルギーに変えることができる人

想像力の源である「怒り」を生み出す

ここまで、人に嫉妬されることを防ぐ方法をお話ししてきましたが、実は世の中には、**相手の嫉妬を自分のエネルギーに変えられる人**がいます。

そうした人の特徴としては、相手が嫉妬の発作を起こして攻撃してきたときに、

①その場で怒ることができる
②その場でしっぺ返しができる
③相手の言動を真に受けて反省しない

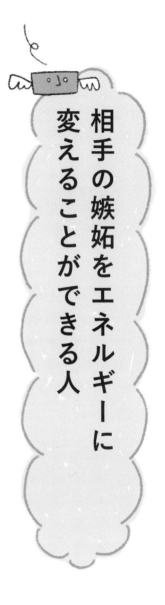

④嫉妬の原因が〝孤独〟であるとわかる
⑤嫉妬をしている人に共感できる

となります。

人は嫉妬の発作を起こすと破壊的な人格に変身して、他人を傷つける言動をしてきます。そのときに相手の嫉妬をエネルギーに変えられる人は、嫉妬の発作を起こした人と同じだけ脳内で電気を発生して、〝怒り〟を生み出します。怒りは想像力の源なので、**人から嫉妬されればされるほど想像力が豊かになり、ありとあらゆる方向で自分にとってプラスの力に変換できます**。そしてお金持ちになる方向へも進んで行くことができるのです。

相手の嫉妬をエネルギーに変える考え方

嫉妬の発作は「自分より立場の低い人間が、自分より優れたものを持っている」という条件で起きます。相手の攻撃で「ダメージを受けた」という状態になったら〝弱者〟になるわけですから、「ますます嫉妬の発作が激しくなる！」という悪循環になります。

相手の嫉妬をエネルギーに変えられる人は、**「その場で怒ることができる」**ので、簡単に弱者ではなくなることができてしまいます。それどころか、ちゃんと**「その場でしっぺ返しができる」**ので、相手にダメージを与えることができます。

そして**「相手の言動を真に受けて反省しない」**ことができます。嫉妬をしている人は、正当な理由なく攻撃してきます。後ろから近づいて刺してくるような感じです。だから「真に受けない」が正解なのです。

反省するのは、相手が正々堂々と向かってきたときだけです。それ以外は「反省する必要はない！」と簡単に切り捨てることができてしまいます。それに「その場で怒ることができる」から、ストレスが発散されて、後になって「怒りが湧く」とか「罪悪感で苦しむ」ということがありません。だから「反省」する必要がなくなるわけです。

先ほど嫉妬の発作の裏には〝孤独〟があるとお話ししましたが、人の嫉妬をエネルギーに変えられる人は、無意識のうちにも**「嫉妬の原因が〝孤独〟であるとわかる」**ことができます。だから攻撃されても、「かわいそうな人だな」「辛いんだろうな」と考え、自分がブレるということがありません。一貫して自分の目指す方向へ進んで行くことができます。当然、だんだんとお金持ちになっていきます。

こうした人たちが「嫉妬の原因が孤独」とわかるのは、「自分も孤独を体験してきたから」です。孤独から嫉妬の発作を起こしている人の気持ちがよくわかる。だから、嫉妬の発作で攻撃してきた相手を切って捨てることはしないで、「わかるよ！　その孤独！」と**「嫉妬をしている人に共感できる」**のです。

共感された相手はいつの間にか発作がおさまって、お互いに一体感を感じることができるようになります。そうして仲間がどんどん増えていきます。お金を稼ぐためのリソースも増えて、「どんどんお金が貯まっていく！」となっていきます。

これらの特徴の中で**いちばん重要なのは、「嫉妬の原因が〝孤独〟であるとわかる」こと**なのかもしれません。嫉妬の発作を起こした人が、自分の言動に対して注意や批判をしてきても、「自分が原因じゃないんだ！」と考えることができます。だから自分が望んでいる方向にひたすら進むことができるようになるのです。

人の嫉妬をエネルギーに変える三つのスクリプト

①「適切に反応できる――その場で怒ることができるようになる」スクリプト

「人の嫉妬をエネルギーに変えること」ができるようになれば、怖いものはありません。一部の人たちは意識しなくてもそれができるのですが、生まれ持った性質による部分が大きく影響しています。そう言ってしまうと救いがないのですが、誰でも人の嫉妬をエネルギーに変えることができる方法があります。ここでは簡単なスクリプト（暗示文）で、そのテクニックを紹介していきます。

「なぜかお金が貯まらない！」という人は、人の嫉妬にその場で反応できないという特徴があります。相手の嫉妬の発作に瞬間的に反応できずに萎縮してしまうから、〝弱者〟となって嫉妬の攻撃がひどくなり、自分のやりたいことができなくなってしまいます。

そこで、**「不快な攻撃をしてくる人」を思い出してみます**。名前を思い出すだけでも大丈夫。そして思い浮かべた相手が攻撃してくるときのエネルギーのレベルを主観でいいので1～10で測ってみます。

次に、**自分の頭や身体に注目して、「自分のエネルギーのレベルは何点？」と確かめてみます**。すると嫉妬してくる人のエネルギーのレベルのほうが自分よりも勝っていることがわかるはずです。

そこで、目を閉じて自分の頭の拍動を感じるようにします。頭の中で「ドックン！ドックン！」と脈が打っているのを感じて、その拍動のたびに「自分の全身にエネルギーが満たされていく！」とイメージします。すると頭の拍動を感じるたびに脳内からホルモンが分泌され、全身がエネルギーに満たされていきます。

そうして「十分に満たされた！」となったら、再度「自分のエネルギーのレベルは何点？」と確かめてみます。相手の点数よりも上回っていたら「成功！」となります。すぐには難しいと思いますが、不快な場面や、不快な相手が思い出されるたびに繰り返し行うことで、少しずつ自分の点数が上がっていきます。すると人が嫉妬の発作を起こしたときに、「その場で怒ることができる」ようになるのです。

②「適切に反応できる——しっぺ返しができるようになる」スクリプト

「右の頬を殴られたら、左の頬を差し出しなさい」というのは神の子イエスだからできた曲芸です。その結果、人々から嫉妬の総攻撃を受けて極刑となってしまいました。神話的にはそれを経て嫉妬されない存在によみがえったということもありますが、「お金持ちになりたい」という現世的な希望がある場合は、やり方を変える必要があります。

嫉妬をエネルギーに変えられる人は、「その場でしっぺ返しができる」という特徴を持っています。ということは、「なぜかお金が貯まらない！」という人は嫉妬の攻撃に対して「うまくしっぺ返しができない！」となっている可能性があります。人からの嫉妬の攻撃を受けたときに頭が真っ白になってしまって、うまく反応ができないわけです。そして、その場で反応できなければ〝弱者〟になるから、どんどん嫉妬の攻撃がひどくなってしまいます。

「頭が真っ白にならないようにしなければ」と思っても、これまでしっぺ返しができなかった人は、自分でコントロールしようとしても難しいと思います。そこで、相手が不快なことを言ってきたときに、「あいつは嫉妬の発作を起こしている！」と思うようにします。そして、そう思った瞬間に、**利き手で「ビンタの構え」をします**。

そうは言っても実際に振りかぶってしまうと「アブない人」になってしまうので、利き手の手の平を相手に向ける程度で十分です。手の頬を引っ叩くイメージなども一切必要ありません。ただ単純に「ビンタの構え」をするだけで、脳が「攻撃態勢だ！」と判断して必要なホルモンをちゃんと分泌してくれます。実際にビンタをしなくても、脳の中では「その場でしっぺ返しができた！」となるのです。

普段から「あ！　嫌なヤツのことを思い出した！」となったときに「ビンタの構え」をしてみます。昔のウエスタン映画でガンマンが「拳銃の早打ち」の訓練をするように、「ビンタの構え」の訓練をしてみると、どんどんしっぺ返しがうまくなって、人の

相手が攻撃してきたら「ビンタの構え！」

嫉妬をエネルギーに変えられるようになっていきます。

③「相手の言動を真に受けなくなる」スクリプト

嫉妬の発作を起こした相手が責めてくると、「私は悪くない」と防衛的になったり「誤解している」と相手の誤解を解こうとしたりしてしまうのが、「なぜかお金が貯まらない！」という人です。そうすればするほど、相手の発作はひどくなって足を引っ張られてしまうからです。

人の嫉妬をエネルギーに変えられる人は、「相手の言動を真に受けて反省しない」ということができてしまいます。そうなるための方法は簡単です。**相手の言葉を聞いて、「相手の感情を当てよう！　ゲーム」をする**のです。

相手の言葉を聞いてどんな感情でいるかを想像します。「怒っているんだ！」と受け取ったら「○○で怒っているんですね？」と確認してみます。正解だったら相手の嫉妬の発作がおさまりますが、不正解だった場合はどんどんひどくなります。そうしたゲーム展開でドキドキハラハラしているうちに、「あれ？　相手の言動を真に受けなくなった！」となるわけです。

例えば、同僚が「あなたがファイリングした書類はぐちゃぐちゃで、ほかの人が使えない！」と言ってきたとします。真に受けてしまうと、「注意されてしまった」と感じてしまいます。そこで「相手の感情を当てよう！　ゲーム」です。

「グチャグチャにされたことで怒っているの？」と質問してみると、相手は「違う！」とさらに怒って「わかっていない！」と言われてしまいました。そこで「ほかの人に迷惑をかけていることが許せないの？」と確認してみると、これも「違う！」と、相手はますます怒ります。

でも、質問を繰り返すうちにどこかで正解がわかります。「あなたがいつもちゃんとファイリングしているのに、私がぐちゃぐちゃにしたから、邪険に扱われていると感じて傷ついたの？」と聞いたら、嫉妬の発作がおさまって、「そうですよ！」と言ってくれました。

正解がわかれば、「いつもきれいにファイリングしてくれてありがとう。これからは大切にするね！」と優しい言葉をかけることができます。すると、相手との信頼関係も自然と強まっていきます。

もちろん、実際にはこんなにスムーズにいかないと思います。怒っている理由を言い当てられて素直に認める人も珍しいと思います。相手の嫉妬をエネルギーに変えられる人は、このやり取りを頭の中で繰り返して、それとなく正解を導き出します。これを外から見ていると、いきなりできているように見えるわけです。

すぐにはできなくても、頭の中で相手の感情を割り出して「この感情？」と確かめてみましょう。失敗であっても「ほかの理由があったんだな」と考えることで攻撃のダメージを軽くすることができますし、次は別の理由を考えることで、正解に近づいていくことができます。

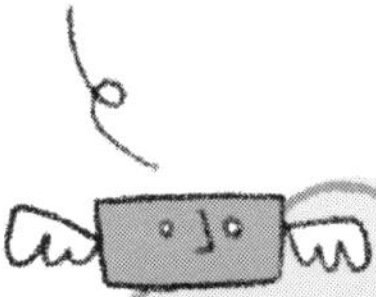

あなたは人の嫉妬をエネルギーに変えられるか

チェックリスト診断をしてみよう！

ここでは、あなたがどれくらい「人の嫉妬をエネルギーに変えられるか」をチェックリストで診断します。

次のチェックリストの各質問に対して、0～10点の間で点数をつけてみてください。

「いつもこうだ」と感じる場合は点数を高く、「こんなことはまったくない！」と感じる場合は点数を低くします。

その合計点で、**あなたがどれくらい嫉妬をエネルギーに変えることができるかを診断**します。

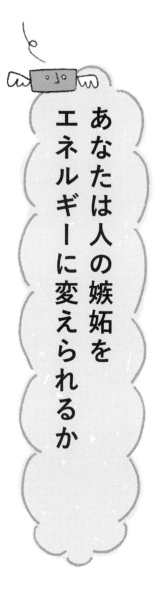

また、点数に応じて、ここまでご紹介してきた、嫉妬の発作に対するアプローチ中のどれが特に有効か、どれから始めればいいかといったこともご説明しますので、参考にしてみてください。

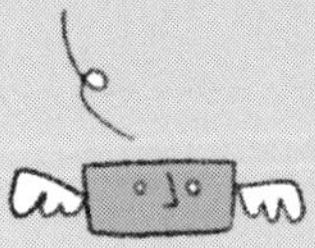

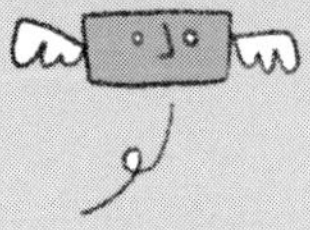

あなたは人の嫉妬をエネルギーに変えられる？

チェックリスト

- □ 人から注意されると固まってしまう　[　　]点
- □ 怒りを爆発させてしまうことがある　[　　]点
- □ 手がワナワナと震えてしまうことがある　[　　]点
- □ 人前でドキドキすることがある　[　　]点
- □ 人前で緊張することがある　[　　]点
- □「ああ言えばよかったのに！」と後悔することがある　[　　]点
- □ 人の気持ちをすぐに考えてしまう　[　　]点
- □ 人から嫌われることが怖い　[　　]点
- □ 自分よりも相手を優先してしまう　[　　]点
- □「右の頬を打たれたら左の頬を差し出す」の精神がある　[　　]点
- □「人の話を真剣に聞かなければ」と思っている　[　　]点

□「自分よりも相手のほうが正しいことを
言っているかも」と思うことがある [　　]点

□家で一人反省会をすることがある [　　]点

□いじられキャラである [　　]点

□人に騙されることがある [　　]点

□人から注意されるのが苦手である [　　]点

□人から攻撃されていると感じることがある [　　]点

□人の間違いが許せない [　　]点

□人から怒られるとパニックになる [　　]点

□人から嫌われたと感じることがある [　　]点

□自分だけ周りの人と違うと
感じることがある [　　]点

□誰からも理解されていないと
感じることがある [　　]点

□周りから理解してもらうことを
諦めることがある [　　]点

□「自分は孤独になってしまうのではないか」
と不安になることがある [　　]点

□自分を攻撃してきた相手は
いつまで経っても許せない [　　]点

あなたは人の嫉妬をエネルギーに変えられる？
診断

0〜50点

人の嫉妬を完璧にエネルギーに変えられる「起業家タイプ」

このタイプの人は、恐らくこれまでの経験からの答え合わせとして、この本を読んでいただいているのではないでしょうか。嫉妬の影響を見事にエネルギーに変えて「どんどんお金が貯まっていく！」という方向に進んでいるはずです。

「もっとお金を！」「もっと人との一体感を！」という場合は**「両親からの嫉妬」に向き合う**ことをお勧めします。両親から嫉妬されていた場面を振り返り、その奥に孤独を見出すことで、心の中にあった枷が外れて、さらにもっと自由にお金持ちになる方向に進んでいけるようになります。

51〜100点

嫉妬の影響をあまり受けない「上司タイプ」

人の嫉妬をうまく利用して、それを上昇気流にしてのし上がることができます。周りから嫌われていても、その影響を受けないで淡々と自分の利益のために突き進むことができます。

でも、心のどこかでは「人望が欲しい」とか「カリスマ性があったら」という残念な気持ちがあって、他人がそれらを兼ね備えていたら、嫉妬の発作を起こして攻撃してしまう自分がいます。そしてそのこともある程度自覚しているはずです。

「嫉妬の奥には孤独がある」ということを意識して、人の嫉妬を観察したり、自分の内面を見たりすることで人望が得られるようになってきます。みんな自分と同じで孤独を感じている、ということが見えてくれば、まさに一皮むけた感じになります。おのずと人はついて来て、欲していたカリスマ性をいつの間にか発揮できるようになります。

101〜150点

嫉妬の影響を受けながらも平凡に生きられる「平社員タイプ」

このタイプの人は、「自分は目立たないように生きてきたから嫉妬の発作なんか関係ない」と思っています。でも、目立たないように生きてきたのは「嫉妬が怖いから」だということに気が付いていません。お金持ちになることを求めたり、野望を持ったりすると周りからの嫉妬で潰されてしまうのがわかっているから、賢く生きて嫉妬を受けない方向を自動的に選択しています。

「いまの安定した生活を変えるのが怖い」と思ってしまうのは嫉妬の発作を恐れてのことなので、**「相手の言動を真に受けなくなる」スクリプト**を意識して実践してみます。「人の感情など恐れる必要はない！」ということが感じられるようになります。すると、自分の中に抑圧していた野望がむくむくと湧き上がってきて、虎視眈々とお金持ちになるチャンスを狙ってつかむことができるようになります。

151〜200点

嫉妬の発作をもろに受けて思うように生きられない「芸術家タイプ」

自分には才能があるというのは何となくわかっているけれど、「チャンスがないから」とか「自分がやったってうまくいくはずがない」と、いま一つ積極的に踏み出せない人です。

それは「周りの人たちの嫉妬」で邪魔されているからです。自分の才能について「自分の思い込みじゃないか？」と疑ったり不安になったりするのも、脳のネットワークで周りの嫉妬の電気ショックが伝わってきて、自信が踏み潰されてしまうからです。

嫉妬の発作を浴びて「エネルギーが足りない！」となっているので、まずは**「適切に反応できるようになる」スクリプト**を使ってエネルギーのレベルを上げていきます。さらに**「相手の言動を真に受けなくなる」スクリプト**で周りの人の嫉妬からネガティブな暗示を入れられて潰されるのを防御することで、自信を持って「どんどんお金持ちになる！」という方向に進むことができます。

201〜250点

嫉妬ですべての才能を封印され続けてきた「孤高の天才タイプ」

幼い頃から両親からの嫉妬でその才能を封印されてしまい、嫉妬に対する恐怖心を植え付けられてしまっています。嫉妬に対する恐怖心があるから「目立たないように」と謙虚に振る舞えば、「弱者を演じている」と周りから嫉妬の攻撃を受けます。そのため本来の自分で生きられなくなって、「ちっともお金が貯まらない！」となっている可能性があります。

まずは、**「適切に反応できるようになる」スクリプト**でエネルギーをチャージします。それを毎日続けて「あ！　相手よりも点数が高くなってきた！」となったら、嫉妬の影響を受けなくなり、どんどんお金が貯まってくる方向に動くことができるようになります。

第5章

〝脳の体質改善〟でお金を貯める！

「お金が貯まらない！」は体質。改善できる

「お金が貯まらない！」から「どんどん貯まっていく！」へ

第4章では、「なぜかお金が貯まらない！」から抜け出す方法をお話ししてきました。少しでも読者のみなさんのお金に対する不安がなくなれば幸いです。

でも、それだけではちょっと物足りないと感じるかもしれません。いままでのように無駄遣いをしたり、お金を稼ぐチャンスを壊したりしなくなったことで、お金が貯まるようになった。それがうれしいからもっともっとお金を貯めたい！　と考える人もいると思います。

そこで本章では、**もう一歩欲張りに、よりお金を貯められるようになる方法**を紹介します。

人によって、貯金の額は違います。「給料が違うんだから当たり前だ！」と思うかもしれませんが、同じ給料でもたくさん貯金できる人とそうでない人がいます。家賃や食費だってそんなに変わらないはずです。

同じ条件でも貯金できる額が人それぞれに違う。それは考え方や実際の行動が違うからです。その違いを正確に分析することはできません。**その人が持って生まれた性質の差、つまり〝体質〟の違い**なのです。

体質によって改善方法に向き不向きがある

そこで「体質を変えちゃう！」ということをしてみます。最近では「食べ物を変えて体質改善！」とか「運動をして体質改善！」などがありますが、**脳の体質も変えることができる**のです。

例えばダイエットをしようとしても、その方法はいろいろあって、人によって向いている方法が違います。「食べることが好き！」という人は、食事制限を極端にしてしまうとストレスになってダイエットが続かないので、運動で痩せる方法が向いています。

「何をやっても飽きっぽい！」という人はいきなりハードルを上げずに、簡単にできることから始めて、徐々に習慣化していく方法があります。あるいは、「長期間頑張るのは面倒だから短期間で一気に痩せてしまおう」とストイックにできる人もいます。

お金が貯まる体質改善もこれと同じで、その人の**元々の体質によって、向いている改善方法が違います**。

そこで、まず自分がどんな体質なのかを考えてみてください。具体的には、次の五つの中から自分がどれに当てはまるかを考えます。それぞれの体質に向いている方法を本章でお話ししていきます。

①いつも「お金がない！」と嘆いている人
②お金のことで強い後悔に襲われることがある人
③いつも他人や自分の悪口を言っている人

④ストレスを抱え込んで発散できない人
⑤現実からかけ離れた妄想を抱いてしまう人

①「いつも『お金がない！』と嘆いている人」の体質改善

通帳とにらめっこの〝強迫性体質〟

しょっちゅう財布や通帳とにらめっこをして、「ちっともお金が貯まらない！」と嘆いている人がいます。こうした人たちがお金を貯められない理由の一つは、「お金がない！　お金がない！」と不安になったり焦ったりすればするほど脳にストレスが帯電するということです。

帯電した状態だと、人から「イライラしている」とか「貧乏臭い」という印象を持たれてしまいます。お金持ちの人や豊かな人はこうした人から離れていってしまうので、「チャンスが全然巡ってこない！」という状態になります。さらに悪いことに、自分と同じように脳に帯電した人がいると、脳の電気が引き寄せ合ってお互いに足を引っ張ってしまう状態になります。

昔から「貧乏神と福の神」の話がありますが、**「お金がない」と貧乏臭くなればなるほど、チャンスを運んでくれる人を遠ざけてしまい、逆に貧乏くじを持った人が引き寄せられてくる**のです。

もう一つの理由は嫉妬の発作です。「お金がない！」ということは〝弱者〟だからです。そうして周囲から嫉妬の電流を浴びやすくなってしまいます。

一生懸命にお金を管理していても、周囲から「ビビビッ！」と嫉妬の発作の電流を浴びせられてしまうと、うつ的な状態になってしまいます。するとお金を貯める思考力が低下してしまいます。自分ではお金を貯めるために一生懸命に考えて貯金をしているつもりが、嫉妬の発作の影響を受けて思考力がうまく働いていないから、「ちっともお金が貯まらない！」となってしまうのです。

このように強迫的にお金のことを考えてしまうのは、脳の「強迫的に考える」という部位が活発に活動する体質になってしまっているからです。そのため「お金がない！」と繰り返し考えて、後悔が止まらないという状態になっているのです。

「2000円募金」でお金が貯まる

この〝強迫性体質〟を変えるための方法が、「2000円募金」です。

「お金がない！」と不安を感じたら、コンビニなどの募金箱に2000円入れてしまいます。「そんなことしたら余計にお金がなくなってしまう！」と感じるかもしれませんが、実際に募金してみるとその効果を実感できるはずです。何度も募金箱に入れているうちに体質改善が進み、お金が貯まる体質になっていきます。

ある男性は、「こんなに仕事をしているのにお金がちっとも貯まらない！」と不安になっていました。同期の仲間たちは結婚してどんどん出世をしていくのに、自分は上司から認められず、いつも「雑用係状態」でちっとも給料が上がらない。そうしたストレスを何年も抱え続けてきていました。いつも忙しくて会社と職場の往復だけなのに全然貯金が貯まらず、いつも薄っぺらい財布の中身と残高がちっとも増えない通帳を見ながら、「なんでなんだ！」と考え続けていたのです。

そんな男性が、「2000円募金」の方法を知ります。「ちょっと高いな」と躊躇《ちゅうちょ》してしまいましたが、「お金が貯まるようになるのなら！」と、思いきって挑戦してみることにしました。

そうとはいえ、なるべくならお金を払いたくはありません。「お金がない！」と不安になったら募金するということは、「お金がない！」と思わなければ募金しなくてもいいということです。そう気を付けながら生活をしていました。

でもある日、同僚と食事したときに、「こいつはA定食を頼んだのに自分は安い丼物しか頼めない！」ということをきっかけに、また「お金がない！」という思考がグルグルと頭の中で渦巻いてしまいました。その瞬間「しまった！」と思ったのですが、「仕方ない、2000円の募金だ！」と、食事をしたお店の隣にあったコンビニに入って、募金箱に「えいやっ！」と2000円入れました。

それを見た同僚は「お～！　お前ってすごい！」と男性を見る目が変わります。男性はいつも「ケチ臭い貧乏人」という蔑《さげす》まれた目で見られていたような気がしていたのですが、ちょっと誇らしい気持ちで、気分が軽くなりました。「あ！　これが体質改善なのかな？」と実感したのです。

また別の日、文房具を買おうと思って専門店に行ったら思いのほか高くて、「100

円ショップでいいじゃん！」と思ったのをきっかけに、また「お金がない！」に憑《と》りつかれてしまいました。「あ〜あ！　また2000円の募金だ！」となって、文房具を買わずに近くのコンビニで2000円募金します。それをちらっと見た店員に「お〜！」というまなざしで見られます。ちょっとした優越感で、不思議な感覚になりました。

家に帰る途中で、男性は「いままでは『お金がない！』と言いながら、結構無駄遣いをしていたからお金が貯まらなかったんだ」ということに気が付きます。その後も何度か2000円募金をしながら体質改善が進んでくると、「なんだか腹が据《す》わってきた！」という感覚になりました。以前だったら仕事中にいつもオドオドしていたのが、堂々としていられるようになり、上司と対等に話ができるようになっていきました。

丁度その頃、人事評価で上司が「信頼できる仕事をしてくれる」と評価してくれて昇給しました。でも、体質が変わっているから、そんなことで浮かれたりしないで「ドン！」と構えて仕事ができます。するとどんどんチャンスが巡ってきて、職場での立場も上がっていったのです。いつの間にか2000円募金をすることが少なくなって、ワクワクしながら通帳を見ることができるようになりました。

※この方法は直接お金を使うことになるため、本当に自分の体質に合った人でなければお勧めできません。個人によって体質の差がありますから、必ず専門家と相談してから試すようにしてください。

②「お金のことで強い後悔に襲われることがある人」の体質改善

過去に強く傷ついてしまった〝トラウマ体質〟

「ちっともお金が貯まらない！」ということをきっかけに、「あのとき仕事を辞めなければよかったのに！」と強い後悔が湧いてしまう体質の人がいます。「あ〜あ！　なんであのときに我慢できなかったんだろう？」と、失敗によって失われたお金のことを考えて苦しくなってしまうのです。

過去に心を強く傷つけられた経験（トラウマ）がある人は、「フラッシュバック」という症状に襲われることがあります。例えば自動車事故が心の傷になっている場合、10年経っているのに、車に乗ると「危ない！」と交通事故の場面の恐怖に襲われます。この「突然襲ってくる恐怖」は自分で打ち消すことができません。

コンスタントに襲ってくる突然の恐怖に何度もさらされているうちに、**無意識に「心の傷と同じ体験をすれば消えるかも！」と思って、心の傷の場面を再現してしまう**ことがあります。この例で言えば、自ら交通事故を引き起こすようなことをしてしまうのです。これは〝トラウマの再上演〟と呼ばれている症状です。

お金のことで強い後悔に襲われることが多い人の場合、**「お金がない不安」も心の傷からのフラッシュバックである可能性があります**。過去にお金に関して強く傷ついた経験があって、その記憶がよみがえることで、「お金がない！」という惨めで不快な気分が襲ってきます。その感覚を打ち消すために、心の傷の場面を再体験する。つまり、またお金を失うようなことをしてしまうのです。トラウマの再上演を繰り返すたびに、心の傷は大きく膨らんで、またどんどんお金が貯まらない体質になってしまいます。

「未来の自分のアドバイス」でお金が貯まる

この〝トラウマ体質〟も改善してしまうことができます。方法は簡単で、「未来の自分のアドバイスに従う！」というテクニックです。

緊張している人がそばにいると、「緊張が伝わってくる」ことがあります。これも〝脳のネットワーク〟があるからです。脳のネットワークは無線ＬＡＮのように脳と脳とで情報をやり取りしているのですが、現代の科学ではその周波数を測ることはできません。現代の科学で測れないのであれば、光よりも速い可能性があります。光よりも速ければ、時空を超えられます。であれば、『ドラえもん』のタイムマシーンではないですが、脳のネットワークで未来の自分からアドバイスをもらうことができます。

お金について後悔を感じるときは、未来の自分が「あのときに違う行動をしていれば」と後悔しているのが伝わってきたものだと考えてみると面白くなります。

脳のネットワークは相手を意識したときに繋がります。未来の自分が「あのとき」と現在の自分のことを注目しているから、未来の自分の後悔が伝わってきているとなるわけです。

トラウマの再上演が起きているいま、過去と同じように行動すれば未来の自分は後悔する。そこで、未来の自分は現在の自分にどんなアドバイスをするだろうと考えてみます。すると「ここは根性で続けたほうがいい！」というようなことが伝わってきます。その通りに実行していけばトラウマ体質が改善されて、どんどんお金が貯まる体質になっていきます。

ある女性は、「なんであのとき我慢しないで転職しちゃったんだろう」と、いつも後悔に襲われていました。いまの仕事の給料明細を見て、そしていつまで経っても増えない貯金通帳の残高を思い出して、「あのときの給料をそのままもらっていたら」と考えて苦しくなるのです。

さらに「あ〜！　なんでお金に余裕があったときに投資をしておかなかったんだろう」と後悔します。友達はわずかなお金からでもちゃんと投資をして、着実にお金を増やしているのに、自分は「やろう」と思いながらいつまで経っても動き出せない。そうしているうちに投資をするお金がなくなって、絶望的な気分になっていました。

そのとき女性は、「後悔してしまうのはトラウマ体質だからだ」と言われてびっくりします。頻繁に後悔の念が襲ってくるけれど、思い当たるような心の傷はなかったからです。

それでも改善できるならしてみたいと思って、「もしかしてトラウマがあるのかもしれない！」と体質改善に挑戦してみることにしました。５年前に買ったけれど一回も使わずにしまってある健康器具のことを、「なんであのとき、あんな無駄遣いをしちゃったんだろう？」と思い出したら、「未来の自分がメッセージを送ってくれているのかも！」と考えてみます。

「未来の自分のアドバイスは？」と自分の中で唱えてみると、フッと「職場や友人以外の人間関係を広げたほうがいい」と浮かんできます。女性には思い当たることがありました。以前から山歩きに興味があって、そうした集まりに参加してみたいとは思っていましたが、「面倒臭いしお金もかかるから」と躊躇していたのです。

そこでインターネットで「山歩きの会」と検索して、早速申し込んでみました。実際に参加してみると、いままで自分の周りにはいなかったタイプの人たちと出会うことができて、彼らと会話するのが楽しくなります。歩きながら仲間に仕事の相談をすると、適切な助言ももらえて、「あ！　いい流れかも！」となります。

その助言通りに仕事に取り組んでみると、次第に職場でも認められるようになりました。それまで苦痛だった仕事が楽しくなります。そして、仲間たちからはお金のことでも助言をもらえて「おー！　こんなに簡単にお金は貯まるんだ！」と山歩きの会

“脳のネットワーク”で未来の自分と繋がる

に参加するのが楽しくなります。

「未来の私！　アドバイスをありがとう！」と心の中で伝えると、「いつでも、私に聞いてね！」と浮かんできます。それからは後悔に襲われても、逆に未来の自分のアドバイスを聞くのが楽しみになっていきました。

③「いつも他人や自分の悪口を言っている人」の体質改善

悪口を言っていることに気付かない〝ダメ出し体質〟

他人に対しても自分に対しても、いつもダメ出しをしてしまう人がいます。人に対する文句や愚痴《ぐち》が止まらない。気が付いたら人の愚痴を言っている。もっとひどい場合は、自分で悪口を言っていることに気が付かない。人から指摘されて「え？　私ってそんなに悪口言っている？」とまったく自覚がありません。

悪口を言うと緊張のホルモンが分泌されてしまうので、想像力のホルモンがあまり分泌されません。だから「お金を貯めるアイディアが浮かんでこない」となってしまいます。アイディアが浮かばないから、「あ！　失敗しちゃった！」という結果になってしまいます。

さらに、**悪口やダメ出しは脳の直感力の部位の働きを妨げます**。だから、何をやっても裏目、裏目に出てしまって、「いつも損してばかり！」という流れになってしまいます。「自分が思ったことの逆」がいつも「当たり」、つまりお金持ちになる方向で、「だったら、自分が思ったことの逆をやってみよう！」と思っても「やっぱり、自分が選んだほうが貧乏くじだ！」となってしまいます。

「貧乏神センサー」でお金が貯まる

この〝ダメ出し体質〟を変えることで、直感力がうまく働くようになり、「お金がどんどん溜まっていくぞ！　チャンスが巡って来たぞ！」となっていきます。その方法は「ダメ出しは貧乏神センサー！」というテクニックです。

一つの巣に住むアリは2：6：2の割合で「働くアリ」と「働いているフリをするアリ」と「働かないアリ」に分かれていると言われます。その中から働くアリだけを抜き出して新しい群れをつくるとどうなるでしょうか。普通に考えれば働くアリだけの優秀な群れになりそうですが、不思議なことに、そこでも自動的に２：６：２に分かれるそうです。

働くアリはいつも働いていて、ストレスが溜まらないのでしょうか。横を見れば働くフリだけのアリや、あからさまにサボっているアリがいるのに、腹が立たないのでしょうか。

私は、脳のネットワークを通じて、働いているアリのストレスを働かないアリが処理すると考えています。働いていないアリは、何もしていないのに脳のネットワークを通じてストレスを負わされてしまうのです。

これと同じように、「ラッキーな人」と「貧乏くじを引いちゃう人」という割合も決まっています。悪口を言いたくなるような相手は「貧乏神」です。なぜなら、その人の悪口を言わされることで直感力が働かなくなるからです。

悪口を言いたくなったら、「貧乏神！」と頭の中で叫んで、「触らぬ神に祟《たた》りなし！」とその人を避けましょう。自分に対してダメ出しをしたくなった場合も、「過去の貧乏神！」と頭の中で叫んで、ダメな自分から離れるようにします。悪口に塗《まみ》れることなく直感力が使えるようになり、「ラッキー！」が起きる体質に変わっていきます。

ある男性はイケメンで頭も良いのですが、「人の悪口が止まらない！」という特徴がありました。いつも怒りまくっていて、周りにその怒りをぶちまけるように人の悪口や政治家への文句、そして自分へのダメ出しをずっと言っていたのです。

同僚と食事をしていても、「どうして俺はこんなに苦労して貧乏な生活をしなければいけないんだ！」と文句が出てきてしまいます。同僚は「あんたが不平不満を漏らしてばかりだから運が逃げていくんだ！」と心の中では思っているのですが、そんなことを言ってしまったら自分が悪口を言われてしまうので本人には伝えられません。

しばらく同僚も付き合っているのですが、そんな愚痴や悪口を聞いているのが苦痛になって、1人、また1人と男性から離れていき、男性は孤立してしまいました。それでも男性は1人で同僚や協力会社の人たちの悪口を頭の中で繰り返していました。

あるとき、男性は「悪口体質を変えるとお金が貯まる」という方法を知ります。それまでも男性は「人の悪口を言わない」と決心したことが何度もあったのですが、いつの間にか元の木阿弥《もくあみ》状態で悪口に塗れてしまっていました。

「貧乏神？」と男性は、その方法についても文句を言いたくなったのですが、「触らぬ神に祟りなし」という部分には納得できました。相手のことを気にしなければ悪口も

「貧乏神センサー」でラッキー体質に

言わなくなるだろうと思ったのです。

それから誰かの悪口を言いたくなるたびに、「貧乏神！」と唱えてその相手から離れるようにしました。すると気分が楽になっていきます。「貧乏神だって神だもんな！」と悪口を言いたくなる相手のことも少し許せるようになって、冷静に避けれるようになりました。

そうした変化を実感し始めた頃、「うちに来て働きませんか？」とスカウトを受けました。「え？　なんで私なんかが？」と、また自分へのダメ出しをしたくなりましたが、ここでも「貧乏神！」と唱えることでダメ出しをやめることができました。

そうしてちゃんと条件を聞いて納得して、「お引き受けします！」と転職できました。新しい職場でも悪口を言いたくなる人を避けていたら、優秀で実績もある同僚たちと一緒に働くことになりました。「この人たちと仕事をしているとすごく楽しい！」と、これまで味わったことのないチームワークを感じられるようになります。さらに「あなたがリーダーをやってください！」と願ってもないチャンスが巡ってきます。

気が付いたら、欲しかった外車を運転して、欲しかったスーツを着て颯爽《さっそう》と取引先と商談している自分がいました。そして「貧乏神って本当にいたんだ！」と実感しました。福の神になって初めて見える真実がそこにあったのです。

④「ストレスを抱え込んで発散できない人」の体質改善

急に爆発する〝ドッカン体質〟

生真面目で礼儀正しく義理堅い。そして几帳面で忍耐強くて手堅いのに、「なぜかお金が貯まらない！」となってしまう人がいます。これはお金ではなくてストレスを内面に溜めやすくなるからです。

この体質の人は常に正しいことをやっているから、周りにいる正しくない人を見るとストレスを溜めてしまいます。さらに常識的で手堅いから、溜めたストレスを滅多なことでは表に出しません。忍耐強いから、しばらくはストレスを抱えていることができます。

でも、**あるとき、「ドッカン！」と大爆発してしまいます**。せっかく構築してきた人間関係をぶち壊してしまい、またゼロからスタートしなければならなくなってしまいます。その間に蓄えていた貯金も減って、「またお金を貯めなければ」ということを繰り返してしまいます。

ただし、**「あのときに怒らなければよかったのに！」という後悔はありません**。なぜなら、限界まで我慢してしまったからです。本人としては常に正しいことをやる体質ですから、そこから外れることは「間違ったこと」です。間違ったことに対して怒るのだから、後悔はしないわけです。

この体質の人は、常に脳にストレスが帯電していて、普通の人よりも一歩先のことが見えるという特徴があります。脳内に過剰な電流が流れることで、アンテナの感度が良くなるような感じで、「電子望遠鏡のように先が見通せちゃう！」となっているのです。

先のことを見通せていたらお金が貯められるはずですが、結局は「自分は先のことを見通せているのに、ほかの人たちはちっとも見えていない！」ということがストレスとなって、プラスマイナスゼロになってしまいます。

「いまだけを生きる！」でお金が貯まる

そこで〝ドッカン体質〟をお金が貯まる体質に変えてしまいます。その方法は**ストレスを感じたときに、「いまだけを生きる！」と唱えるだけ**です。

先々のことを考えて「手を打っておかなければ！」と思ったら、「いまだけを生きる！」と唱えてみます。すると「まあ、なんとかなるか！」と手を抜くことができるようになります。「先を見通して行動する」ということが少なくなって、直感力が使えて自然と自由に動けるようになります。

ある男性は「よく気が利く！」ということで、会社では便利屋みたいな存在になっていました。「1を聞いたら10を知る」というように、頼まれたことはきっちりとこなすことができていたのです。

あるとき、その男性よりも仕事ができない人が、なぜか上司役に抜擢されました。「なんで俺じゃなくてあいつなの？」と怒りが湧いてくるのですが、忍耐強く手堅い性格なので、「ここでキレたって何の得にもならない」と、黙って自分の仕事をこなします。

でもやっぱり、「どうして自分は上司から認められないんだ？」と面白くなくて、転職を考え始めてしまいました。そんなことをポロっと奥さんに話したら、奥さんは「あ〜！　なるほどね！」とわかったようなことを言います。「何がなるほどなの？」と聞いても奥さんはなかなか言いたがりません。「どうしても教えてほしい」と頼んだら、奥さんは渋々、「あなたって、人にキレるじゃない」と衝撃的なことを言いました。

「え？　君の前でキレたことがある？」と聞くと、「あなたは、私が間違ったことをしたときに『チッ！』と舌打ちする。それがすごく傷つくんだから！」と言われます。さらに奥さんは「舌打ちされた後にいつも無視される」と言うのです。男性は「自分が怒ってしまったら君が傷つくから我慢しているだけだ」と伝えたのですが、「それでもちゃんとあなたの怒りは伝わってくるし、傷つくんだから！」と言われてしまいました。

男性は、「自分が何を言ったら妻がどう傷つくのか」という〝先のこと〟が見えていたから、忍耐をもって言わないようにしていたのに、実際は怒りがダダ漏れ状態で奥さんのことを傷つけていたのです。

そのことを知ると、会社でも同じことをやっていたのだと気が付きます。「だから周

「いまだけを生きる！」で信頼関係を築く

りの人は自分を怖がって近づいてこないんだ」という現実が見えてきました。じゃあ態度を直せばよさそうなものですが、「これって頑張ってもしょうがないんじゃないの？」と、やっぱり先のことが見通せてしまいます。

でもこれから先、定年までこの状態が変わらず、「ちっともお金が貯まらない！」という現実に苦しむのはやっぱり嫌だと思っていたとき、「いまだけを生きる！」で体質が改善されることを知りました。

イラッとしたり、ムカッとしたりしたときに「いまだけを生きる！」と唱えてみると、人のミスや無礼な態度が気にならなくなってきました。それどころか、それまで不機嫌で無礼だった部下が男性に対して尊敬の眼差しを向けて、質問までしてくるようになったのです。

「みんなよりも先のことが見通せる」というのは自分にとって大切な能力だと思っていたのですが、「いまだけを生きる！」のほうが人から好かれて、そしてみんなが助けてくれると感じられるようになりました。

さらにうれしいことに奥さんとの関係も改善されていき、「前よりも信頼できるようになった！」と言われました。夫婦関係でのストレスがなくなったからか、奥さんも前向きになって、外で仕事をするようになります。いつの間にか「ちっともお金が貯まらない！」がなくなって、自由に豊かにお金を使えるようになりました。その横には奥さんの素敵な笑顔があるのです。

⑤「現実からかけ離れた妄想を抱いてしまう人」の体質改善

夢と現実の区別がつかない〝妄想体質〟

「夢を持つことは大切」と言われているのに、「夢を持ったってちっとも現実が良くならない！」という体質の人がいます。

ある女性は、素敵な人と出会って、年収も億を超えて、家族で幸せにハワイ旅行をするという夢を持っているのですが、どんどん夢と現実が離れていってしまいます。

自分が夢に描いていることを人に話したら、「それは妄想だよ！」と言われてしまいます。でも、本人は「それしか考えられない！」と、夢が現実になるような気がしてしまいます。まるで、自分が生きている現実とみんなが言っていることが間違っていて、自分が想像していることのほうが正しいような気がするのですが、現実は何も変わりません。次第に、「どうやったら夢を叶えることができるのだろう？」と考えることすらできなくなってしまいました。

こうした〝妄想体質〟の人は、周囲の人から「なんで夢に向かって努力をしないの？」と思われてしまいます。「億を稼ぐ」と妄想するのですが、「だったらどうやってそこに到達するのか？」という努力がまったく見られません。だから「妄想ばっかり」と誰からも相手にされなくなります。するとさらに**自分一人の妄想から離れられなくなり、まったく努力ができなくなってしまいます**。

この背後には面白い現象があります。ある人がものすごく有名な占い師に「試験に合格するでしょうか？」と尋ねたら、占い師は「合格します！」と占ってくれました。本人は「あの占い師が合格すると言ってくれたんだから大丈夫！」と、それから勉強をしなくなってしまいました。すると見事に試験は不合格になり、「あの占い師に騙された！」と嘆いてしまいます。

要するに**「未来を知ってしまったら未来は変わる」**ということです。未来がわからないから危機感を持って努力することができるのですが、未来を知る力を持ってしまったら、「大丈夫！」といつの間にか努力する必要を感じなくなり、どんどん自分が思い描いていた世界から遠ざかってしまうのです。

「未来の自分がライバル」でお金が貯まる

〝妄想体質〟の人には「未来が見える！」という能力があって、それがあるがゆえに「どんどん未来が自分の都合の悪い方向に変わってしまう！」という不具合を起こしています。

そこで「未来の自分がライバル！」と考えてみれば妄想体質は変わります。思っていることを現実にするためには、**「未来の自分を超えるためには何ができる？」と考えます**。すると自然に必要な動きができるようになって現実が変わっていき、「妄想」ではなくなるのです。

先ほどの女性は「億を稼ぎたい！」と言いながら、スーパーのレジでアルバイトをしていました。人からは「稼げたらいいですね」と〝痛い子〟を見るような目で言われて、惨めな気分になってしまいます。アルバイトだけでは生活費とトントンで、「ちっともお金が貯まらない！」が続いていきます。

でも、「億を稼ぐ」という夢があって、それがなんとなく現実になるような気がするので、「良いものが欲しい！」と高いものを買ってしまいます。いつもカードの支払いに追われていて、現実はものすごく惨めで不安な状態になっていました。

それでも「億を稼ぐ」という感覚は消えないので「私っておかしいのかな？」と悩み始めていました。そんなときに〝妄想体質〟の話を聞きます。「未来の自分がライバル！」と思うだけで体質改善ができるということで実践してみます。

頭の中には億を稼いでいる未来の自分が出てきて、その自分を超えるためにはどうすればいいかと考えているうちに、自信が満ち満ちてきます。すると以前のビクビクしていた自分は姿を消し、堂々とした態度になって周囲の人も驚くほどでした。

正社員の仕事を探してみたら簡単に見つかって、アルバイト生活から抜け出します。その職場でも「未来の自分がライバル！」と考えることで、やらなければいけないこ

「未来の自分がライバル！」で本当の自分を手に入れる

とを的確にこなせるようになりました。

それにどんな人に出会っても物怖じしなくなりました。未来の自分は億を稼いでいて、その自分がライバルなのだから、誰が相手でも怖くありません。自分の考えていることが自然と口に出てきます。すると業界で有名な人に気に入られて、大きな仕事のチャンスを与えてもらいました。そうしてあっという間に年収が上がっていきます。そして女性は「これが本来の自分だ！」という感覚を初めて感じることができたのです。

おわりに

私は、昔から「お金は必要である」と感じてはいたのですが、心のどこかで「人の心を狂わせる恐ろしいもの」という感覚を持っていました。お金のことを本当の意味で好きになれなくて嫌っていたから、「どんなに苦しんで働いてもお金が貯まらない！」といつも嘆いていたのです。

でも、今回、お金の大切なキーワードである〝嫉妬〟のメカニズムがわかってきたら、「あ！　お金とお友達にならないと嫉妬に塗れちゃう！」ということに気が付きました。

お金を嫌って「お金がない！」ばかりをやっていると、自分自身が嫉妬の発作に塗れて、人のことをうらやましがったり、知らず知らずのうちに妬んで悪口を言っていたりします。「自分がいちばんなりたくない姿になっている！」とびっくりしました。

そうして「なんであの人は私よりもお金持ちなんだ！」と嫉妬の発作を起こして破壊的な人格に変身して、惨めな貧乏生活を強いられていました。人の気持ちを考えて、人のために生きれば幸せになれるとずっと信じていたのに、どんどんそこからかけ離れてしまっていたことを知り、悲しい気持ちでいました。そして「嫉妬って動物的な発作で自分ではどうすることもできないんだ！」ということも思い知らされました。

でも「お金とお友達になっていいんだ！」と思ったら、嫉妬の発作が起きなくなってきました。「自分が理想とした姿に近づいてきたかも！」と、本来はお金抜きで到達するべき姿に、いつの間にかなっていた。お金とお友達になったほうが自然と優しくなれていたのです。

私は、お金持ちの人が他人に優しくするのを見ていて、ずっと「偽善者だ！」と思っていたのですが、「あ！　違うんだ！」ということに気が付きました。さらに「お金を持っていないほうが嫉妬されない」と思っていましたが、その考えが間違っていたということも見えてきました。

「全然お金がないんです！」と言えば言うほど嫉妬されてチャンスを潰されてきた、ということが見えてきたのです。

そうなんです！　嫉妬とお金の関係って切っても切り離せないもので、こうして生きていく中では避けて通れないものです。いくら精神的な面を鍛えても「動物的な発作」だから嫉妬に関しては自分ではコントロールできないし、さらに周りからの嫉妬の発作なども避けようとすればするほど直撃を食らって惨めな思いをして、どんどんお金が貯まらない方向へと進んでしまいます。

嫉妬の仕組みを知ってみると、それまでまったく貯まらなかったお金が貯まるようになります。自分の嫉妬から解放されて、周囲からの嫉妬の攻撃をエネルギーに変えていくことで「どんどんお金が貯まっていく！」という状態に変わっていきます。そして周囲の嫉妬をエネルギーに変えていくと、貯まっていくお金がいつしか私たちのことを守ってくれるようになります。そのことにより私たちには大きな安心感が与えられ、豊かな人生を歩んでいくことができるのです。

この本を書きながら、私はみなさんと一緒に豊かになっていく未来が見えてきました。その未来の自分をライバルとして、私はそのライバルよりももっと幸せで豊かな人生を歩めるように、こうして一歩一歩、着実に歩みを進めることができます。読者のみなさんと不思議な一体感を感じながら。

【著者紹介】

大嶋信頼（おおしま・のぶより）

心理カウンセラー／株式会社インサイト・カウンセリング代表取締役。米国・私立アズベリー大学心理学部心理学科卒業。アルコール依存症専門病院、周愛利田クリニックに勤務する傍ら、東京都精神医学総合研究所の研修生として、また嗜癖問題臨床研究所付属原宿相談室非常勤職員として依存症に関する対応を学ぶ。嗜癖問題臨床研究所付属原宿相談室室長を経て、株式会社アイエフエフ代表取締役として勤務。心的外傷治療に新たな可能性を感じ、株式会社インサイト・カウンセリングを立ち上げる。

ブリーフ・セラピーのFAP療法(Free from Anxiety Program)を開発し、トラウマのみならず多くの症例を治療している。カウンセリング歴25年、臨床経験のべ8万件以上。

著書に『言葉でホルモンバランス整えて「なりたい自分」になる！』『無意識さんの力で無敵に生きる』『支配されちゃう人たち』『ミラーニューロンがあなたを救う！』（以上、青山ライフ出版)、『「いつも誰かに振り回される」が一瞬で変わる方法』『「すぐ不安になってしまう」が一瞬で消える方法』『消したくても消せない嫉妬・劣等感を一瞬で消す方法』(以上、すばる舎)、『リミットレス！』（飛鳥新社)、『いつも「ダメなほうへいってしまう」クセを治す方法』（廣済堂出版）など多数。

視覚障害その他の理由で活字のままでこの本を利用出来ない人のために、営利を目的とする場合を除き「録音図書」「点字図書」「拡大図書」等の製作をすることを認めます。その際は著作権者、または、出版社までご連絡ください。

「お金の不安」からいますぐ抜け出す方法

2018年10月23日　初版発行

著　者　大嶋信頼
発行者　野村直克
発行所　総合法令出版株式会社
〒103-0001 東京都中央区日本橋小伝馬町 15-18
ユニゾ小伝馬町ビル 9 階
電話　03-5623-5121

印刷・製本　中央精版印刷株式会社

落丁・乱丁本はお取替えいたします。

ISBN 978-4-86280-641-3

総合法令出版ホームページ　http://www.horei.com/